智能网联汽车专业“岗课赛证”融通活页式创新教材

智能驾驶计算平台应用技术

组编　行云新能科技（深圳）有限公司

主编　邹海鑫　吴海东　宋志良

参编　吴立新　章　辰　刘秋生

邱志卓　李海宁　苏学园

夏　青　罗　敏

机械工业出版社

本书主要内容分为对智能驾驶及智能驾驶计算平台的基本认知、掌握智能驾驶计算平台环境部署的方法、掌握智能驾驶计算平台与线控底盘接入的方法、掌握智能驾驶计算平台与传感器接入的方法、掌握视觉目标检测算法的开发方法共5个能力模块，并下设15个任务。全书以“做中学”为主导，以程序性知识为主体，配以必要的陈述性知识和策略性知识，重点强化“如何做”，将必要知识点穿插于各个“做”的步骤中，边学习、边实践，同时将“课程思政”融入课程的培养目标，在实训教学中渗透理论的讲解，使所学到的知识能够融会贯通，让学生具有独立思考、将理论运用于实践的动手能力，成为从事智能网联汽车相关工作的高素质技能型专业人才。

本书内容通俗易懂，可作为职业院校新能源汽车技术、智能网联汽车技术、智能网联汽车工程技术等专业教材，也可供从事本专业工作的工程技术人员参考。

图书在版编目（CIP）数据

智能驾驶计算平台应用技术 / 行云新能科技（深圳）有限公司组编；邹海鑫，吴海东，宋志良主编. —北京：机械工业出版社，2023.12

智能网联汽车专业“岗课赛证”融通活页式创新教材

ISBN 978-7-111-74577-8

Ⅰ. ①智… Ⅱ. ①行… ②邹… ③吴… ④宋… Ⅲ. ①汽车驾驶－自动驾驶系统－算法－教材 Ⅳ. ①U463.61

中国国家版本馆CIP数据核字（2024）第029027号

机械工业出版社（北京市百万庄大街22号　邮政编码100037）

策划编辑：谢　元　　　　责任编辑：谢　元

责任校对：张雨霏　薄萌钰　韩雪清　　　封面设计：马精明

责任印制：单爱军

北京虎彩文化传播有限公司印刷

2024年7月第1版第1次印刷

184mm×260mm・11.25印张・249千字

标准书号：ISBN 978-7-111-74577-8

定价：49.90元

电话服务　　　　网络服务

客服电话：010-88361066　　机　工　官　网：www. cmpbook. com

　　　　　010-88379833　　机　工　官　博：weibo. com/cmp1952

　　　　　010-68326294　　金　书　网：www. golden-book. com

机工教育服务网：www. cmpedu. com

智能网联汽车专业“岗课赛证”融通活页式创新教材

丛书编审委员会

资源说明页

本书附赠 8 个微课视频，总时长 67 分钟。

获取方式：

1. 微信扫码（封底“刮刮卡”处），关注“天工讲堂”公众号。
2. 选择“我的”—“使用”，跳出“兑换码”输入页面。
3. 刮开封底处的“刮刮卡”获得“兑换码”。
4. 输入“兑换码”和“验证码”，点击“使用”。

通过以上步骤，您的微信账号即可免费观看全套课程！

首次兑换后，微信扫描本页的“课程空间码”即可直接跳转到课程空间，或者直接扫描内文“资源码”即可直接观看相应富媒体资源。

课程空间码

序

当前，全球汽车产业进入百年未有之大变革时期，汽车电动化、网联化和智能化水平不断提升，智能网联汽车已成为世界公认的汽车产业未来发展的方向和焦点。党的二十大报告提出："建设现代化产业体系。坚持把发展经济的着力点放在实体经济上，推进新型工业化，加快建设制造强国、质量强国、航天强国、交通强国、网络强国、数字中国。"这为推动智能网联汽车发展、助力实体经济指明了方向。

智能网联汽车是跨学科、跨领域融合创新的新产业，要求企业员工兼具车辆、机械、信息与通信、计算机、电气、软件等多维专业背景。从行业现状来看，大量从业人员以单一学科专业背景为主，主要依靠在企业内"边干边学"完善知识结构，逐步向跨专业复合型经验人才转型。这类人才的培养周期长且培养成本高，具备成熟经验的人才尤为稀缺，现有存量市场无法匹配智能网联汽车行业对复合型人才的需求。

为了响应高速发展的智能网联汽车产业对素质高、专业技术全面、技能熟练的大国工匠、高技能人才的迫切需求，为了响应《国家职业教育改革实施方案》提出的"建设一大批校企'双元'合作开发的国家规划教材，倡导使用新型活页式、工作手册式教材并配套开发信息化资源"的倡议，行云新能科技（深圳）有限公司联合中高职院校的一线教学老师与华为、英特尔、百度等行业内头部企业共同开发了智能网联汽车专业"岗课赛证"融通活页式创新教材。

行云新能在华为 MDC 智能驾驶技术的基础上，紧跟华为智能汽车的智能座舱——智能网联——智能车云全链条根技术和产品，构建以华为智能汽车根技术为核心的智能网联汽车人才培养培训生态体系，建设中国智能汽车人才培养标准。在此基础上，我们组织多名具有丰富教学和实践经验的汽车专业教师和智能网联汽车企业技术人员一起合作，历时两年，共同完成了"智能网联汽车专业'岗课赛证'融通活页式创新教材"的编写工作。

本套教材包括《智能网联汽车概论》《Arduino 编程控制与应用》《Python 人工智能技术与应用》《ROS 原理与技术应用》《智能网联汽车传感器技术与应用》《智能驾驶计算平台应用技术》《汽车线控底盘与智能控制》《车联网技术与应用》《汽车智能座舱系统与应用》《车辆自动驾驶系统应用》《智能网联汽车仿真与测试》共十一本。

多年的教材开发经验、教学实践经验、产业端工作经验使我们深切地感受到，教材建设是专业建设的基石。为此，本系列教材力求突出以下特点：

1）以学生为中心。活页式教材具备“工作活页”和“教材”的双重属性，这种双重属性直接赋予了活页式教材在装订形式与内容更新上的灵活性。这种灵活性使得教材可以依据产业发展及时调整相关教学内容与案例，以培养学生的综合职业能力为总目标，其中每一个能力模块都是完整的行动任务。按照“以学生为中心”的思路进行教材开发设计，将“教学资料”的特征和“学习资料”的功能完美结合，使学生具备职业特定技能、行业通用技能以及伴随终身的可持续发展的核心能力。

2）以职业能力为本位。在教材编写之前，我们全面分析了智能网联汽车技术领域的特征，根据智能网联汽车企业对智能传感设备标定工程师、高精度地图数据采集处理工程师、智能网联汽车测试评价工程师、智能网联汽车系统装调工程师、智能网联汽车技术支持工程师等岗位的能力要求，对职业岗位进行能力分解，提炼出完成各项任务应具备的知识和能力。以此为基础进行教材内容的选择和结构设计，人才培养与社会需求的无缝衔接，最终实现学以致用的根本目标。同时，在内容设置方面，还尽可能与国家及行业相关技术岗位职业资格标准衔接，力求符合职业技能鉴定的要求，为学生获得相关的职业认证提供帮助。

3）以学习成果为导向。智能网联汽车横跨诸多领域，这使得相关专业的学生在学习过程中往往会感到无从下手，我们利用活页式教材的特点来解决此问题，活页式教材是一种以模块化为特征的教材形式，它将一本书分成多个独立的模块，以某种顺序组合在一起，从而形成相应的教学逻辑。教材的每个模块都可以单独制作和更新，便于保持内容的时效性和精准性。通过发挥活页式教材的特点，我们将实际工作所需的理论知识与技能相结合，以工作过程为主线，便于学生在实际的操作过程中掌握工作所需的技能和加深对理论知识的认知。

总体而言，本活页式教材以学生为中心，以职业能力为本位，以学习成果为导向，让学生在教师指导下经历完整的工作过程，创设沉浸式教学环境，并在交互体验的过程中构建专业知识，训练专业技能，从而促进学生自主学习能力的提升。每一个任务均以学习目标、知识索引、情境导入、获取信息、任务分组、工作计划、进行决策、任务实施、评价反馈这九个环节为主线，帮助学生在动手操作和了解行业发展的过程中领会团结合作的重要性，培养执着专注、精益求精、一丝不苟、追求卓越的工匠精神。在每个能力模块中引入了拓展阅读，将爱党、爱国、爱业、爱史与爱岗教育融入课程中。为满足“人人皆学、处处能学、时时可学”的需要，本活页式教材同时搭配微课等数字化资源辅助学习。

虽然本系列教材的编写者在智能网联汽车应用型人才培养的教学改革方面进行了一些有益的探索和尝试，但由于水平有限，教材中难免存在错误或疏漏之处，恳请广大读者给予批评指正。

丛书编委会

前 言

党的二十大报告指出："统筹职业教育、高等教育、继续教育协同创新，推进职普融通、产教融合、科教融汇，优化职业教育类型定位。"产教融合是培养智能网联汽车产业端所需的素质高、专业技术全面、技能熟练的大国工匠、高技能人才的重要方式，也是我们教材体系建设的重要依据。

2022年11月上旬，工业和信息化部与公安部联合发布《关于开展智能网联汽车准入和上路通行试点工作的通知（征求意见稿）》。在电动化、智能化、网联化、共享化已成为汽车产业发展趋势的当下，政策的利好更进一步地推动了产业的健康发展。工业和信息化部数据显示，2022年上半年，我国具备组合驾驶辅助功能的乘用车销量达288万辆，渗透率提高至32.4%，同比增长46.2%。国家智能网联汽车创新中心数据显示，到2025年，我国智能网联汽车产业仅汽车部分新增产值将超过1万亿元；到2030年，汽车部分新增的产值将达到2.8万亿元。智能网联汽车行业的快速发展推进了该产业端对人才的需求，根据教育部等三部门联合印发的《制造业人才发展规划指南》，未来节能与新能源汽车人才缺口为103万人，智能网联汽车人才缺口为3.7万人，汽车行业技术人才、数字化人才非常稀缺。而智能网联汽车产业作为汽车、电子、信息、交通、定位导航、网络通信、互联网应用等行业领域深度融合的新兴产业，院校在专业建设时往往会遇到行业就业岗位模糊、专业建设核心不清等情况。在政策大力支持、产业蓬勃发展的大背景下，为满足行业对智能网联汽车技术专业人才的需要，促进中高职院校汽车专业建设，特编写本教材。

本教材围绕智能网联相关专业"岗课赛证"综合育人的教育理念与教学要求，基于"学生为核心、能力为导向、任务为引领"的理念编写。在对智能网联技术技能人才岗位特点、1+X职业技能等级证书和"校—省—国家"三级大赛体系进行调研的基础上，分析出岗位典型工作任务，进而创设真实的工作情景，引入企业岗位真实的生产项目，强化产教融合深度，从而构建整套系统化的课程体系。

本教材分为5个能力模块。能力模块一为对智能驾驶及智能驾驶计算平台的基本认知，讲解了智能驾驶技术、智能驾驶计算平台产品、智能驾驶计算平台产业的基础知识；能力模块二为掌握智能驾驶计算平台环境部署的方法，讲解了配置 Linux 环境和完成智能驾驶计算平台环境部署的方法；能力模块三为掌握智能驾驶计算平台与线控底盘接入的方法，讲解了智能驾驶计算平台的组网结构和接入线控底盘的方法；能力模块四为掌握智能驾驶计算平台与传感器接入的方法，讲解了激光雷达、惯性测量单元传感器、毫米波雷达、视觉传感器的接入方法；能力模块五为掌握视觉目标检测算法的开发方法，讲解了 ADSF 框架和基于 ADSF 框架的视觉目标检测算法的开发。

能力模块	理论学时	实践学时	权重
能力模块一　对智能驾驶及智能驾驶计算平台的基本认知	6	0	9.4%
能力模块二　掌握智能驾驶计算平台环境部署的方法	4	6	15.6%
能力模块三　掌握智能驾驶计算平台与线控底盘接入的方法	4	4	12.5%
能力模块四　掌握智能驾驶计算平台与传感器接入的方法	10	16	40.6%
能力模块五　掌握视觉目标检测算法的开发方法	8	6	21.9%
总计	32	32	100%

本书由深圳信息职业技术学院邹海鑫、广东轻工职业技术学院吴海东、江西应用技术职业学院宋志良主编；行云新能科技（深圳）有限公司吴立新、深圳信息职业技术学院章辰、江西应用技术职业学院刘秋生、江西应用技术职业学院邱志卓、行云新能科技（深圳）有限公司李海宁、行云新能科技（深圳）有限公司苏学园、行云新能科技（深圳）有限公司夏青、行云新能科技（深圳）有限公司罗敏参与编写。

由于编者水平有限，本书内容的深度和广度尚存在欠缺，欢迎广大读者予以批评指正。

编　者

活页式教材使用注意事项

01 根据需要，从教材中选择需要夹入活页夹的页面。

02 小心地沿页面根部的虚线将页面撕下。为了保证沿虚线撕开，可以先沿虚线折叠一下。注意：一次不要同时撕太多页。

03 选购孔距为80mm的双孔活页文件夹，文件夹要求选择竖版，不小于B5幅面即可。将撕下的活页式教材装订到活页夹中。

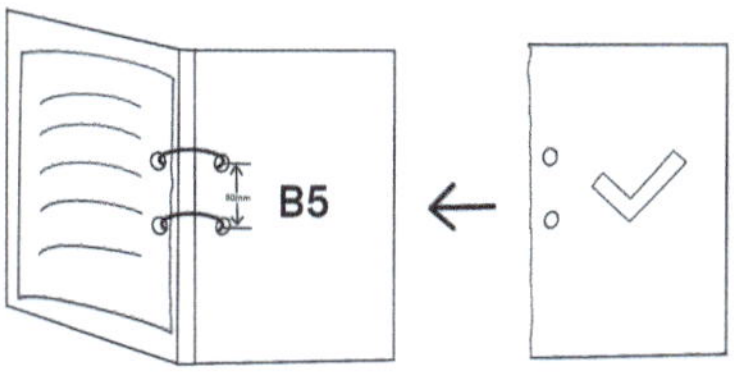

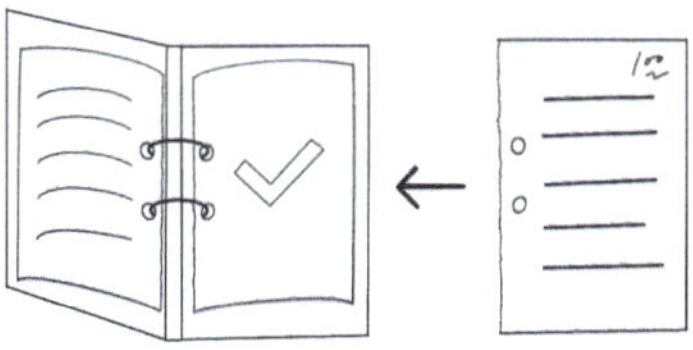

04 也可将课堂笔记和随堂测验等学习资料，经过标准的孔距为80mm的双孔打孔器打孔后，和教材装订在同一个文件夹中，以方便学习。

温馨提示：在第一次取出教材正文页面之前，可以先尝试撕下本页，作为练习

目 录

能力模块一 对智能驾驶及智能驾驶计算平台的基本认知

任务一　调研分析智能驾驶技术

学习目标

- 了解智能驾驶的定义。
- 掌握智能驾驶的系统架构。
- 掌握智能驾驶的分级标准。
- 了解智能驾驶的典型应用场景以及发展面临的挑战。
- 探索智能驾驶的发展背景、发展价值，了解其重要性，树立职业自豪感。

知识索引

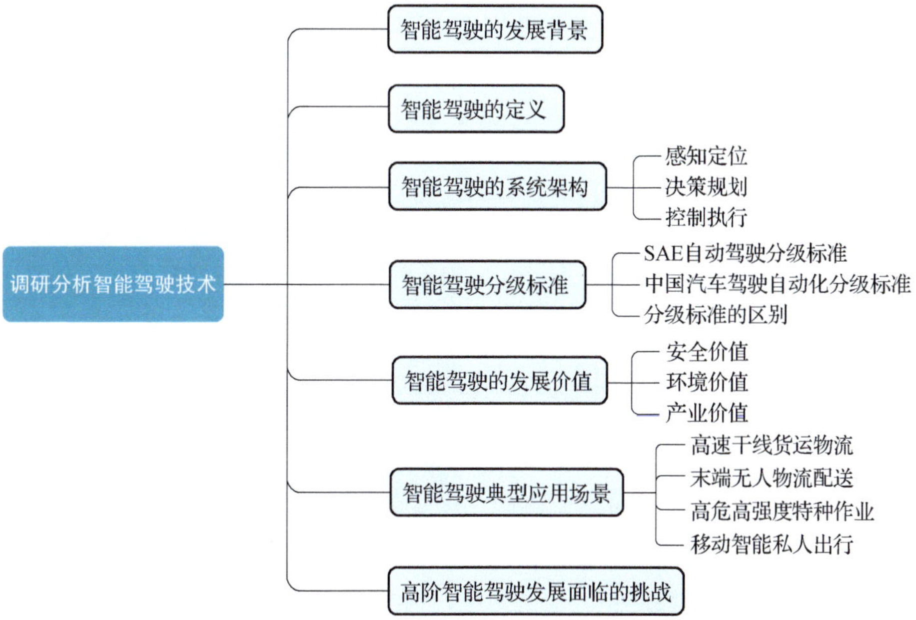

情境导入

某新能源品牌汽车 4S 店近期招聘了 3 名助理销售顾问。你作为该店店长，需要为这 3 名新员工讲解智能驾驶技术相关知识。

获取信息

引导问题 1

近几年来，市面上智能驾驶汽车覆盖率越来越高。是什么推动了智能驾驶技术的发展？请查阅相关资料，简述智能驾驶汽车的发展背景。

____

____

____

智能驾驶的发展背景

随着云计算、人工智能（AI）、边缘计算等新兴技术的不断涌现与成熟普及，数字世界正加速迈入万物互联的智能世界。百年汽车工业，也面临着产业智能化升级的现实挑战与历史机遇，以电动化、智能化、网联化、共享化为趋势的汽车“新四化”已成为行业内的普遍共识。

1. 电动化

全球环境日益恶化的挑战使得新能源替代传统能源成为不可逆转的行业趋势，多个国家出台了明确的燃油车退出时间表，且电动化为智能化提供了良好的物理基础。

2. 智能化

近些年消费者由于智能手机的普及下形成了新消费观念，使得汽车智能化成为消费者的客观需求。汽车智能化的表现形式，主要是可部分或全部解放人类的手、脚、眼、脑的智能驾驶功能。

3. 网联化

道路上的汽车不再是一个个独立的数据孤岛，而是通过联网技术[如移动通信、V2X（vehicle to everything，即车对外界的信息交换）等]与人、车、路等互联互通，实现数据共享的高效的交通体系，如图 1-1-1 所示。

图 1-1-1　V2X 典型应用场景——智慧路口

4. 共享化

随着城市道路拥堵、停车难、车辆限购等问题日益突出，使得共享出行成为趋势之一，尤其是智能驾驶可极大地降低共享出行的成本，并给传统车企由当前的汽车制造商向汽车运营商转型提供了新的商业模式扩展空间。

5.“新四化”之间的联系

如图 1-1-2 所示，“新四化”之间相辅相成、协同促进。电动化是基础，智能化是核心，最终实现普遍的网联化与共享化。

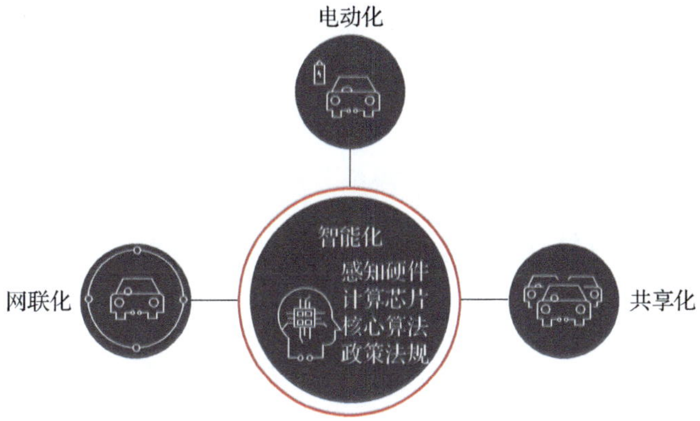

图 1-1-2　汽车“新四化”之间的联系

智能驾驶是汽车智能化的核心组成部分，被多个国家提升至国家战略的高度，并在政策、法规等方面给予大力支持，为智能驾驶行业发展营造宽松的外部环境。

近年来，国内外众多知名汽车企业以及世界级科技公司争相进入智能驾驶领域，纷纷加大研发投入提早布局，加强技术积累，争夺智能驾驶技术的制高点。

引导问题 2

请查阅相关资料，简述智能驾驶的定义和智能驾驶具体的功能体现。

____

____

____

智能驾驶的定义

智能驾驶是指汽车通过搭载先进的传感器、控制器、执行器、通信模块等设备实现协助驾驶员对车辆的操控，甚至完全代替驾驶员实现无人驾驶的功能。

智能驾驶的前提条件是，我们选用的车辆满足车辆动力学要求，车上的传感器能获得相关视听觉信号和信息，并通过认知计算控制相应的随动系统。

如图 1-1-3 所示，智能驾驶的功能体现主要包括网络导航、自主驾驶和人工干预三个环节。

1. 网络导航

解决我们在哪里、到哪里、走哪条道路中的哪条车道等问题。

2. 自主驾驶

自主驾驶是在智能系统控制下，完成车道保持、超车并道、红灯停绿灯行、灯语笛语交互等驾驶行为。

3. 人工干预

人工干预就是驾驶员在智能系统的一系列提示下，对实际的道路情况做出相应的反应。

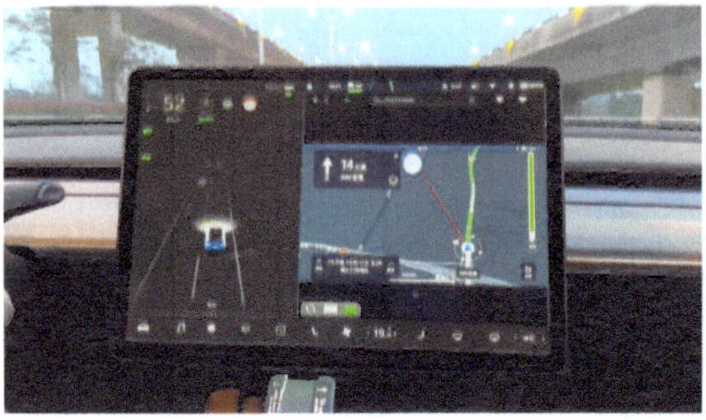

a）网络导航

b）自主驾驶

c）在自动驾驶汽车行驶时，驾驶员偶尔也需要进行人工干预

图 1-1-3　智能驾驶功能示例图

引导问题 3

请查阅相关资料，简述典型智能驾驶系统架构。

____

____

____

智能驾驶的系统架构

典型的智能驾驶系统架构主要分为感知定位、决策规划、控制执行三大技术模块，如图 1-1-4 所示。

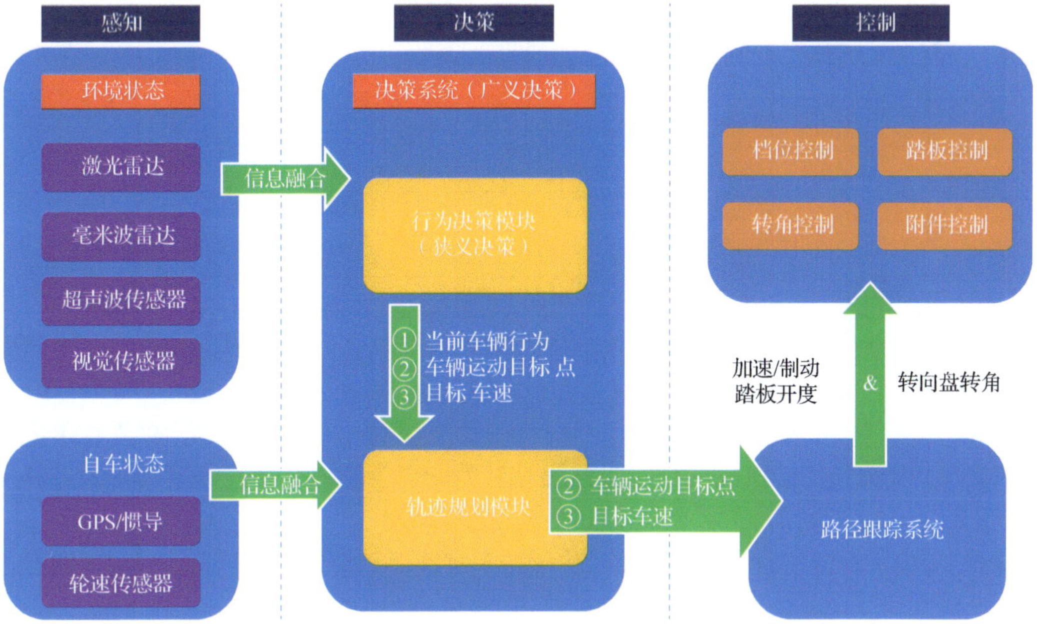

图 1-1-4　典型智能驾驶系统架构

一、感知定位

自动驾驶车辆的环境感知系统利用各种主动、被动传感器获取周围环境的信息，对传感器数据进行处理、融合、理解，实现自动驾驶车辆对行驶环境的障碍物、车道线、红绿灯等的检测，给车辆的自主导航和路径规划提供依据。图 1-1-5 所示为自动驾驶系统实时感知物体检测图。

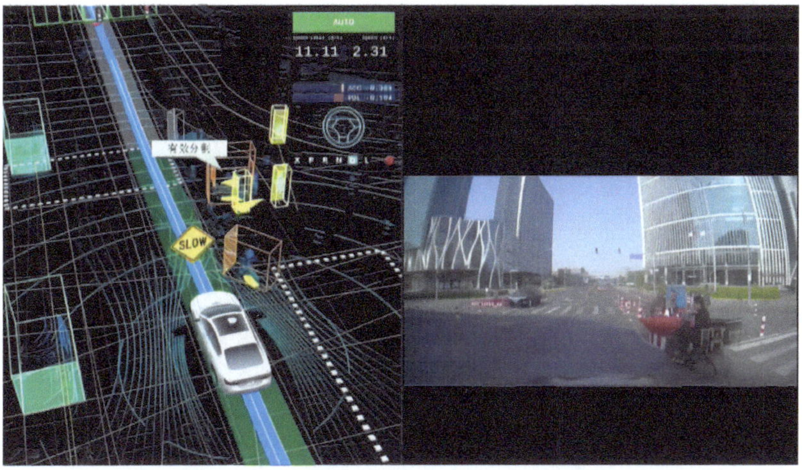

图 1-1-5　自动驾驶系统实时感知物体检测

感知环节是实现自动驾驶的前提和基础，其主要功能是解决两个问题，即环境识别（周边环境如何）和自身定位（在哪里）。

1. 环境识别

感知系统利用摄像头、激光雷达、毫米波雷达、超声波传感器等传感器获取道路环境的信息，并对传感器数据进行处理、融合、理解，实现对车辆、行人等障碍物的识别，以及对车道线、红绿灯等交通标识的检测。

2. 自身定位

感知系统利用全球导航卫星系统（GNSS）、惯性测量单元（IMU）、高清地图、车速传感器等获取车辆自身空间状态信息。环境状态信息以及自身状态信息为后续车辆预测、规划等决策环节提供依据。

二、决策规划

决策环节是自动驾驶的核心，其主要功能是回答以下几个问题：预测（接下来会发生什么）、决策（该做什么）、规划（怎么做）。

在感知环节完成对自身精确定位和对周围环境准确理解的基础上，决策环节主要是对接下来可能发生的情况进行准确预测，对下一步行动进行准确判断和规划，并选择合理的路径达到目标，指导执行系统对车辆进行控制。

图 1-1-6 所示蓝色路径为汽车通过传感器采集路面和周边车辆信息后规划的路径。

图 1-1-6　自动驾驶系统路径规划决策图

三、控制执行

控制执行模块是一个直接和自动驾驶汽车底层控制接口对接的模块。其核心任务为接收上层动作规划模块的输出轨迹点，通过一系列结合车身属性和外界物理因素的动力学计算，转换成对车辆加速、制动的控制及转向盘信号，尽可能地控制车辆去追踪这些轨迹点。图 1-1-7 所示为典型自动驾驶汽车执行智能驾驶功能时中控屏显示图像。

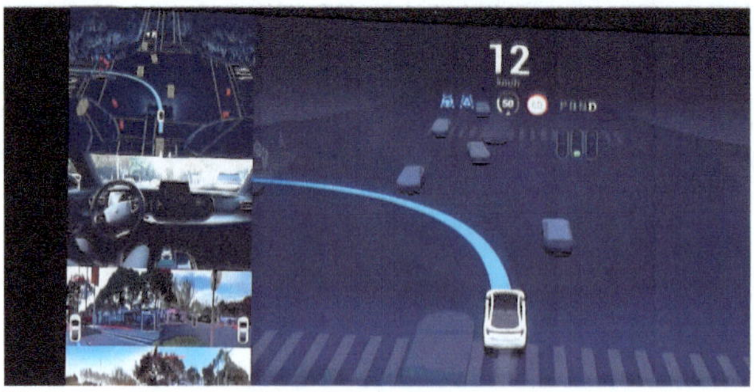

图 1-1-7　自动驾驶汽车执行命令图

引导问题 4

请查阅相关资料，简述国际自动机工程师学会（SAE）与中国分级标准的不同点。

____

____

____

智能驾驶分级标准

一、SAE 自动驾驶分级标准

目前，国际上普遍采用的自动驾驶分级标准由 SAE 制定。SAE 是当今汽车以及航空行业的顶级标准制定组织，其制定的自动驾驶分级标准见表 1-1-1。

表 1-1-1　SAE 自动驾驶分级

SAE		L0	L1	L2	L3	L4	L5
名称		无自动化	驾驶辅助	部分自动化	有条件自动化	高度自动化	完全自动化
定义		人类驾驶员全权驾驶汽车，在驾驶过程中可以得到警告	通过驾驶环境对转向盘和加速减速中的一项操作提供支持，其余由人类来做	通过驾驶环境对转向盘和加速减速中的多项操作提供支持，其余由人类来做	由无人驾驶系统完成所有的操作，根据系统要求，人类提供适当的应答	由无人驾驶系统完成所有的操作，根据系统要求，人类不一定提供适当的应答；限定道路和环境条件	由无人驾驶系统完成所有的操作，可能的条件下，人类接管，不限定道路和环境条件
主体	驾驶操作	人类驾驶员	人类驾驶员 / 系统	系统			
	周边监控	人类驾驶员			系统		
	支援	人类驾驶员				系统	
	系统作用域	无	部分				全部
主要代表功能			ESC、AEB、LKA	ACC、自动泊车等	高度自动驾驶功能	完全自动驾驶	

1. 0 级系统

车辆完全由驾驶员进行驾驶。

为了提高系统的主动安全性，配备有车道偏离预警（LDW）、前向碰撞预警（FCW）、盲点监测（BSD）、交通标志识别（TSR）等报警系统，车辆控制、环境监测、系统回应的主体都是驾驶员。

2. 1 级系统

系统可以辅助驾驶员完成某些驾驶任务，如自适应巡航系统（ACC）能辅助驾驶员实现车辆的纵向运动控制，车道保持系统（LKA）可以通过电子转向系统辅助驾驶员对车辆的横向运动进行控制。

3. 2 级系统

人和系统可以同时对车辆进行横向和纵向控制，如泊车辅助系统，此级别中驾驶员需要监测周围环境，在系统做出错误判断时能够及时纠正系统并接管系统。

4. 3 级系统

有条件的自动驾驶，系统能代替驾驶员完成某些驾驶任务并完成部分环境监测功能，但驾驶员需要在系统发出请求时及时重获驾驶控制权。

5. 4 级系统

高度的自动驾驶，车辆控制、环境监测和系统回应的主体都是系统，但也有驾驶员控制车辆的模式。

6. 5 级系统

完全自动驾驶，即实现无人驾驶。

自动驾驶各等级对比如图 1-1-8 所示。

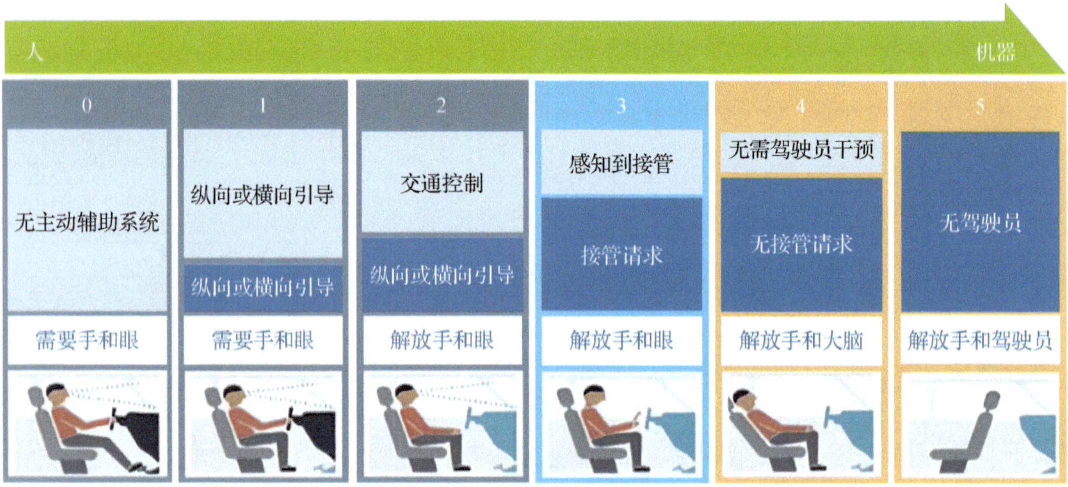

图 1-1-8　自动驾驶各等级对比图

二、中国汽车驾驶自动化分级标准

SAE 自动驾驶分级存在部分标准不明确，具体技术指标缺失等问题。2022 年，中国提出了自己的汽车驾驶自动化分级，见表 1-1-2。

表 1-1-2　中国汽车驾驶自动化分级

分级	名称	车辆横向和纵向运动控制	目标和事件探测与响应	动态驾驶任务接管	设计运行条件
0 级	应急辅助	驾驶员	驾驶员及系统	驾驶员	有限制
1 级	部分驾驶辅助	驾驶员和系统	驾驶员及系统	驾驶员	有限制

（续）

分级	名称	车辆横向和纵向运动控制	目标和事件探测与响应	动态驾驶任务接管	设计运行条件
2 级	组合驾驶辅助	系统	驾驶员及系统	驾驶员	有限制
3 级	有条件自动驾驶	系统	系统	动态驾驶任务接管用户（接管后成为驾驶员）	有限制
4 级	高度自动驾驶	系统	系统	系统	有限制
5 级	完全自动驾驶	系统	系统	系统	无限制

三、分级标准的区别

相较于 SAE 分级标准，中国自动驾驶分级标准的不同点共有三部分。

1）SAE 标准下将 AEB 等安全辅助功能和非驾驶自动化功能都放在 0 级，称为无自动化。而中国版标准则叫作应急辅助。

2）中国版标准针对 0~2 级自动驾驶规定的是“目标和事件探测与响应”由驾驶员及系统协作完成，而在 SAE 标准下，0~2 级自动驾驶汽车的 OEDR（目标和事件检测，以及决策任务）全部由人类驾驶员完成。

3）中国版标准在 3 级中明确增加对驾驶员接管能力监测和风险减缓策略的要求，明确最低安全要求，减少实际应用的安全风险。

表 1-1-3 为中美自动驾驶分级对比表。

表 1-1-3 中美自动驾驶分级对比表

自动驾驶功能分级	我国分级名称	概述	SAE 名称	概述
L0	应急辅助	系统不能持续执行动态驾驶任务中的车辆横向或纵向运动控制	无自动化	驾驶员拥有车辆全部控制权
L1	DA：部分驾驶辅助	系统根据环境信息执行转向和加减速中的一项操作，其他驾驶操作都由人类驾驶员完成	驾驶辅助	驾驶员拥有车辆全部控制权，车辆具备一种或多种辅助控制技术
L2	PA：组合驾驶辅助	系统根据环境信息执行转向和加减速操作，其他驾驶操作都由人类驾驶员完成	部分自动化	针对转向盘和加速等多项操作提供技术支援，其他由驾驶员操作
L3	CA：有条件自动驾驶	系统完成所有驾驶操作，根据系统要求，驾驶员需要提供适当的干预	有条件自动化	由无人驾驶系统完成所有驾驶操作，根据系统请求，驾驶员提供适当操作
L4	HA：高度自动驾驶	系统完成所有驾驶操作，特定环境下系统会向驾驶员提出相应要求，驾驶员可以不进行响应	高度自动化	在限定的道路和环境中可由无人驾驶系统完成所有驾驶操作
L5	FA：完全自动驾驶	系统可以完成驾驶员能够完成的所有道路环境下的操作，不需要驾驶员介入	完全自动化	无需驾驶员任何操作，全靠无人驾驶系统操作，在有需要时可切换至人工操作模式

引导问题 5

请查阅相关资料，概述智能驾驶的发展价值。

____

____

____

智能驾驶的发展价值

智能驾驶对人类社会的意义深远：在技术上，可促进当前先进的 ICT 技术在汽车行业的快速应用和发展；在商业上，将对传统的汽车产业的研发、生产制造与销售服务带来颠覆性变化，并带来更多样化的商业机会；在社会效益上，对环境保护、生命安全、社会和谐均有很大的促进作用，如更绿色环保，驾驶更安全，对残障人士更友好，如图 1-1-9 所示。

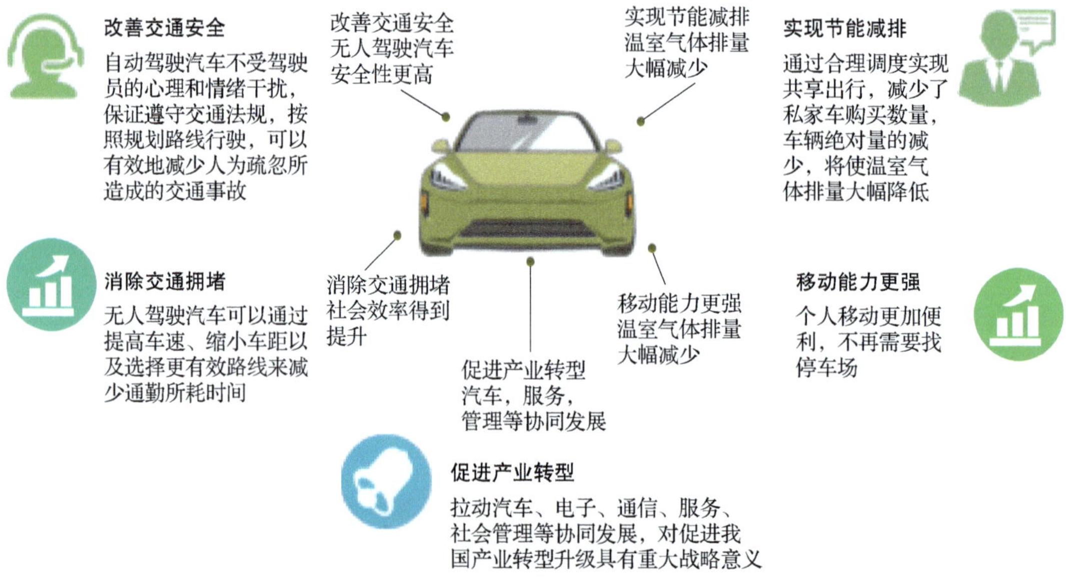

图 1-1-9　智能驾驶的发展价值

一、安全价值

汽车出行的第一要务是安全。过去 10 多年中国汽车快速普及，常年保持着全球第一大汽车市场的规模。巨大的汽车保有量，给社会带来了多方面挑战。根据中国汽车研究院《中国自动驾驶安全读本》中的介绍，当前我国交通领域的诸多问题中，包括人为原因导致的交通事故率占比 90%。图 1-1-10 所示为一起典型汽车事故现场。

智能驾驶功能最早是用来帮助驾驶员减少交通事故的辅助驾驶功能。其中最典型的功能为自动紧急制动系统（Autonomous Emergency Braking，AEB）。AEB 系统通过摄像头或雷达检测和识别前方车辆，在有碰撞可能的情况下先用声音和警告灯提醒驾驶员进行制动操作回避碰撞。根据 Euro NCAP（欧盟新车安全评鉴协会）研究结果显示：

AEB 技术能在现实世界中减少 38% 的追尾碰撞，且无论是在城市道路（限速 60km/h）还是在郊区道路行驶的情况下，效果并无显著差别。图 1-1-11 为智能驾驶典型安全功能。

图 1-1-10　典型汽车事故现场

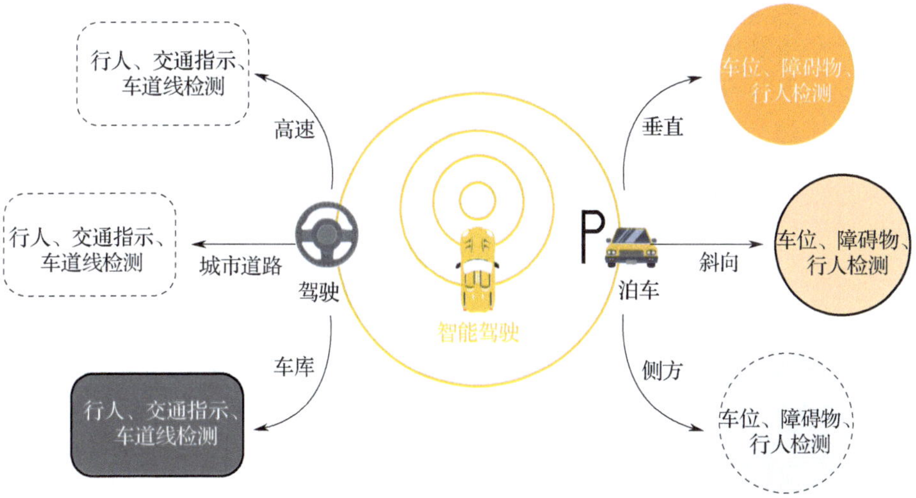

图 1-1-11　智能驾驶安全性功能列举

二、环境价值

智能驾驶系统能够有效减少污染物排放。

美国得克萨斯大学奥斯汀分校的研究人员研究发现，使用智能驾驶系统不仅可以节省能源，还能减少各种污染物的排放。

智能驾驶还能够通过提高车辆利用率减轻污染。汽车可以按照时间顺序依次供需要的人使用，因此可以更好地统筹安排车辆，解放驾驶员、提高车辆的使用效率、减少车辆消费总量、有效减少碳排放，如图 1-1-12 所示。

图 1-1-12　汽车拥堵与尾气污染

此外，智能驾驶可以通过缓解交通拥堵降低污染物排放。

一项研究表明，等红灯或交通拥堵时汽车造成的污染比车辆行驶时高 40% 左右。而智能驾驶通过基于实时路况安排路线、规范化行驶、编队匀速行驶等有效缓解交通拥堵，从而使得废气的排放大大减少。

智能驾驶和新能源汽车产业存在相互促进的关系，智能驾驶在未来可大大提高新能源汽车的使用率，而新能源汽车代替传统汽车则可以有效降低噪声污染。

三、产业价值

作为“智能制造”和“互联网 +”时代的产物，智能驾驶将引领汽车产业生态及商业模式的全面升级与重塑。未来的汽车将从“配备电子的机械产品”向“配备机械的电子产品”转变，成为可以安全、舒适、便捷移动的智能互联终端，即实现车辆的全面智能化、信息化。

汽车产业庞大的用户群体、多种多样的使用环境，也将衍生出具有重要商业价值的大数据，从而影响产业链条的重组、价值实现方式的转变和商业模式的创新。

由此，整个汽车产业将发生空前深度和广度的变化：传统的汽车使用、设计、制造、销售、售后及管理模式极有可能被彻底颠覆，新模式下的新商机将有无穷多种可能，包括管理、维护、性能检测、服务、备件、回收与再利用、金融、信用等。

在这一巨变过程中，智能驾驶无疑将处于中间枢纽和核心环节的地位。

以交通工具共享为例，智能网联可以为交通工具共享的普及提供支撑，而只有具备智能驾驶能力的智能交通工具，才能彻底解放人，从而使全天候的交通工具共享真正成为可能，实现交通工具使用的理想主义，即无需拥有、按需使用、随用随叫、随用随还。

这种轻拥有、重使用的新型文化将显著提高交通工具的利用率，使得兼顾用车需求和节约型汽车社会成为可能。

引导问题 6

请查阅相关资料，列举 3 种智能驾驶的典型应用场景。

____

____

____

智能驾驶典型应用场景

一、高速干线货运物流（图 1-1-13）

图 1-1-13　高速干线货运物流场景

据《华为 MDC 智能驾驶计算平台白皮书》数据，我国社会物流总费用占国内生产总值（GDP）的比重为 18% 左右，是发达国家的两倍，效率低下。我国目前有 2000 多万辆货运汽车，3000 多万名货运驾驶员，人力成本占物流总费用的比重较高。我国货运车辆万车肇事起数和死亡人数，分别为全社会平均水平的 2.8 倍和 4.6 倍，远远高于社会平均水平。

据测算，智能驾驶货运可帮助物流企业降低 30% 以上的物流成本，通过科学的驾驶习惯，可帮助物流企业节省 6% 的油耗成本，能够使我国高速公路重大事故率降低 50%，死亡人数降低 75%。

二、末端无人物流配送（图 1-1-14）

图 1-1-14　物流配送小车

近些年随着我国电子商务的迅猛发展，包裹投递量激增；同时，消费者在网购消费的过程中，对物流服务质量、物流时效性等也提出了更高的要求。

据国家邮政局数据，目前我国快递规模世界第一。2022 年，快递业务量完成 1105.8 亿件，最高日处理能力超 7 亿件。随着人工物流投递成本不断增加，企业的末端物流成本越来越高，而以智慧快递箱为代表的智慧末端物流设施，不仅可以大大降低末端物流配送的成本，还可以解决人工投递等待带来的交通拥堵等问题。

三、高危高强度特种作业（图 1-1-15）

a）矿山工作场景

b）无人环卫车工作场景

c）农场种植工作场景

图 1-1-15　高危高强度特种作业场景

交通运输需求无处不在，远至高原上的矿山，近至家门口的道路清洁，但它们都有工作环境恶劣、工作时间长、强度大的特点，从而面临招人难、招人贵的现实难题，给企业生产经营带来很大的困扰。

以矿山为例，一台大型矿车的购买价格是 300 万 ~1000 万元，一般需要招三四个驾驶员轮班工作，每年驾驶员成本支出近 120 万元，而且存在较大的人员安全隐患。通过智能化升级的无人矿卡，成本节约明显。除了无人矿卡外，无人清洁车、无人农业机械等也存在类似的市场需求。

四、移动智能私人出行（图 1-1-16）

图 1-1-16　理想状态无人驾驶场景

随着智能化的快速普及，高端乘用车上将率先实现高级别的智能驾驶功能，成为高端汽车差异化竞争力的关键。技术成熟稳定后可发展出全新的RoboTaxi（自动驾驶出租车）业务，将对现有出行方式带来颠覆式影响，也给智能驾驶产业开辟全新商业模式。国际上传统商业巨头与跨界科技公司，纷纷重兵投入。

移动智能私人出行场景的主要智能驾驶功能，未来将分阶段实现，并将扩展出更多功能。

引导问题 7

请查阅相关资料，简述智能驾驶目前面临的挑战。

____

____

____

高阶智能驾驶发展面临的挑战

1. 标准法规不完善

当前，智能驾驶相关标准和法规不完善。一方面，智能汽车标准尚未形成；另一方面，高度自动驾驶汽车上路面临法律法规制约，需要进行相应的研究调整。

2. 道路基础设施建设与智能汽车发展缺少统筹

智能驾驶需要车与车、车与路等的信息交互，车辆根据信息自动控制自身的驾驶动作，国内领先的汽车厂家目前都已具备自己的智能网联发展规划，并已开始实施，但缺少道路基础设施建设和统筹规划，智能驾驶始终难以实现。

3. 开放带来的信息安全问题对智能汽车发展造成威胁

开放是智能汽车实现智能驾驶和提升用户体验的基础，但也带来智能汽车计算机系统与外界网络交互存在的安全隐患。

软件安全公司（Security Innovation）首席科学家乔纳桑·佩蒂特（Jonathan Petit）表示，大部分无人驾驶汽车探测障碍物的激光雷达系统只需一个成本不到60美元的装置即可破解。佩蒂特表示，通过这一装置，黑客可以在任何位置设置实际并不存在的汽车、行人，或是墙壁，导致无人驾驶汽车的行驶速度放慢，甚至寸步难行。其相关论文已在欧洲黑帽安全大会上发表。

4. 人文接受程度问题

社会对无人驾驶汽车依然存在诸多疑问，如当无人驾驶汽车行驶在这个人口稠密的世界，发现已经无法避免事故的发生时，智能计算机应该选择冲向马路的行人还是直接撞击迎面而来的车辆？在受到外部虚拟网络攻击后是否还可以维持完全驾驶？未被Google或GPS完全测绘的道路如何行驶等。无人驾驶汽车在法律法规方面同样面临极大的挑战，如产品责任、立法和多重管辖权等，无人汽车与有人汽车发生事故如何进行责任判定和无人汽车之间发生事故如何进行责任判定等。

拓展阅读

自动驾驶发展迅速，智慧交通万亿级市场开启

近年来，自动驾驶技术已经在无人配送、无人出租汽车、干线无人物流车、封闭园区的无人物流、无人公交、无人环卫、无人代客泊车等领域具有一定的商业化条件。北京市发放了无人化载人示范应用通知书，百度萝卜快跑、小马智行率先获准开启无人化自动驾驶出行服务。

尤其值得一提的是，在抗击疫情的过程中，自动驾驶车辆为医疗物资、生活物资的配送都提供了支持。随着越来越多的自动驾驶场景出现，人们的工作、生活变得更加便利。几年前，业内人士还认为在短期内真正实现无人驾驶不太容易，而现在则是深受鼓舞，因为该领域的发展超乎预期。

由中国经济时报、国研经济研究院、百度联合发布的《中国智能交通产业生态发展战略研究》报告显示，当前，我国作为世界第一汽车市场大国的地位进一步巩固，正向世界汽车强国迈进。这也意味着我国发展智能交通可以借助超大规模市场优势，打造平台经济，用平台构建市场、扩大需求，用市场吸引技术、集聚要素，从而转化形成整个产业生态的国际竞争力。

城市道路的智慧化围绕着“车、路、人、云”四方面展开。作为智慧交通的关键参与方，自动驾驶企业已加速入局，逐鹿10万亿规模的智慧交通新蓝海。

任务分组

学生任务分配表

<table>
<tr><td>班级</td><td></td><td>组号</td><td></td><td>指导老师</td><td></td></tr>
<tr><td>组长</td><td></td><td>学号</td><td colspan="3"></td></tr>
<tr><td colspan="6">组员角色分配</td></tr>
<tr><td>信息员</td><td></td><td>学号</td><td colspan="3"></td></tr>
<tr><td>操作员</td><td></td><td>学号</td><td colspan="3"></td></tr>
<tr><td>记录员</td><td></td><td>学号</td><td colspan="3"></td></tr>
<tr><td>安全员</td><td></td><td>学号</td><td colspan="3"></td></tr>
<tr><td colspan="6">任务分工</td></tr>
<tr><td colspan="6">（就组织讨论、工具准备、数据采集、数据记录、安全监督、成果展示等工作内容进行任务分工）</td></tr>
</table>

工作计划

根据前面所了解的知识内容和小组内部讨论的结果，制定工作方案，落实各项工作负责人，如任务实施前的准备工作、实施中主要操作及协助支持工作、实施过程中相关要点及数据的记录工作等。

工作计划表

步骤	工作内容	负责人
1		
2		
3		
4		
5		

进行决策

1）各组派代表阐述资料查询结果。

2）各组就各自的查询结果进行交流，并分享技巧。

3）教师结合各组完成的情况进行点评，选出最佳方案。

任务实施

调研分析智能驾驶技术实训工单	
记录	完成情况
1）简述智能驾驶的发展背景和定义。 ______ ______ ______	已完成□　未完成□
2）简述智能驾驶的分级标准。 ______ ______ ______	已完成□　未完成□
3）简述智能驾驶的典型应用场景和发展价值。 ______ ______ ______	已完成□　未完成□

评价反馈

1）各组代表展示汇报 PPT，介绍任务的完成过程。

2）以小组为单位，对各组的操作过程与操作结果进行自评和互评，并将结果填入综合评价表中的小组评价部分。

3）教师对学生工作过程与工作结果进行评价，并将评价结果填入综合评价表中的教师评价部分。

综合评价表

<table>
<tr><th>班级</th><th></th><th>组别</th><th colspan="2"></th><th>姓名</th><th></th><th>学号</th><th></th></tr>
<tr><td colspan="2">实训任务</td><td colspan="7"></td></tr>
<tr><td colspan="2">评价项目</td><td colspan="5">评价标准</td><td>分值</td><td>得分</td></tr>
<tr><td rowspan="9">小组评价</td><td>计划决策</td><td colspan="5">制定的工作方案合理可行，小组成员分工明确</td><td>10</td><td></td></tr>
<tr><td rowspan="3">任务实施</td><td colspan="5">能简要概述智能驾驶的发展背景和定义</td><td>20</td><td></td></tr>
<tr><td colspan="5">能简要概述智能驾驶的分级标准</td><td>20</td><td></td></tr>
<tr><td colspan="5">能简要概述智能驾驶的典型应用场景和发展价值</td><td>20</td><td></td></tr>
<tr><td>任务达成</td><td colspan="5">能按照工作方案操作，按计划完成工作任务</td><td>10</td><td></td></tr>
<tr><td>工作态度</td><td colspan="5">认真严谨、积极主动</td><td>10</td><td></td></tr>
<tr><td>团队合作</td><td colspan="5">小组组员积极配合、主动交流、协调工作</td><td>5</td><td></td></tr>
<tr><td>6S 管理</td><td colspan="5">将鼠标、键盘、桌椅进行归位</td><td>5</td><td></td></tr>
<tr><td colspan="6">小计</td><td>100</td><td></td></tr>
<tr><td rowspan="7">教师评价</td><td>实训纪律</td><td colspan="5">不出现无故迟到、早退、旷课现象，不违反课堂纪律</td><td>10</td><td></td></tr>
<tr><td>方案实施</td><td colspan="5">严格按照工作方案完成任务实施</td><td>20</td><td></td></tr>
<tr><td>团队协作</td><td colspan="5">任务实施过程互相配合，协作度高</td><td>20</td><td></td></tr>
<tr><td>工作质量</td><td colspan="5">能准确完成任务实施的内容</td><td>20</td><td></td></tr>
<tr><td>工作规范</td><td colspan="5">操作规范，三不落地，无意外事故发生</td><td>10</td><td></td></tr>
<tr><td>汇报展示</td><td colspan="5">能准确表达、总结到位、改进措施可行</td><td>20</td><td></td></tr>
<tr><td colspan="6">小计</td><td>100</td><td></td></tr>
<tr><td>综合评分</td><td colspan="7">小组评价分 ×50%+ 教师评价分 ×50%</td><td></td></tr>
<tr><td colspan="9">总结与反思</td></tr>
</table>

（如：学习过程中遇到什么问题→如何解决的 / 解决不了的原因→心得体会）

任务二 调研分析智能驾驶计算平台产品

学习目标

- 了解智能驾驶计算平台的定义。
- 了解汽车架构技术和 E/E 架构技术变革历程。
- 具备讲解车载智能计算基础平台软硬件结构组成的能力。
- 掌握汽车芯片相关术语，了解它们的区别，培养积极探索的精神。

知识索引

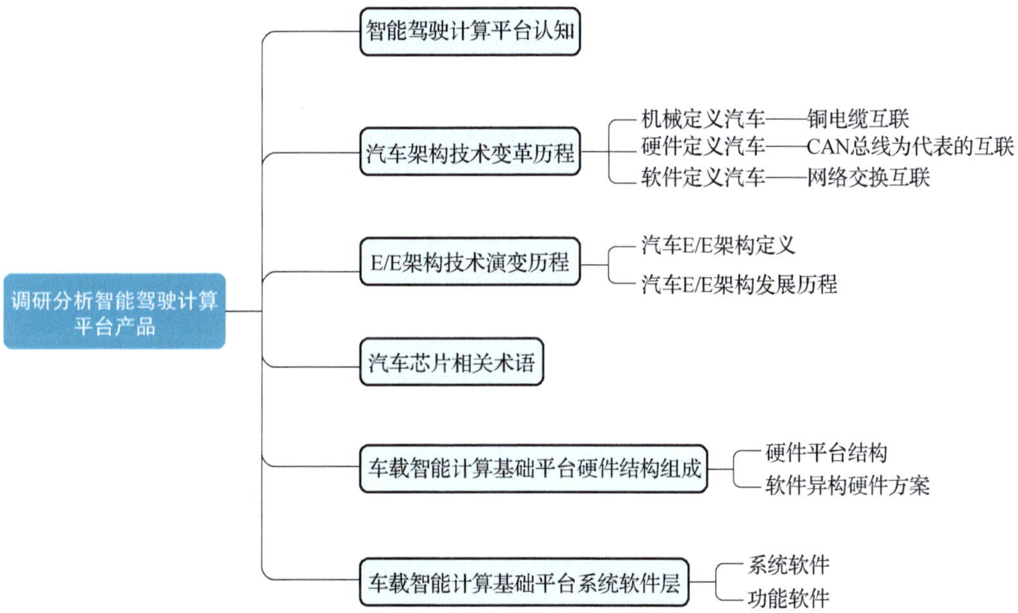

情境导入

某品牌车企，近期招收了一批智能网联汽车开发实习生。现部门主管邀请你为实习生们举办一个讲座。作为整车系统架构专家，请你以车载智能计算基础平台基础架构为例，讲解智能驾驶计算平台的发展与架构。

获取信息

引导问题 1

在上一个任务中学习了智能驾驶的相关知识，那你对于高阶智能驾驶中起到核心决策功能的智能驾驶计算平台有什么了解？请查阅相关资料，简述车载计算平台在智能驾驶汽车中的重要性。

____

____

____

智能驾驶计算平台认知

智能驾驶的功能、应用场景的复杂程度随智能驾驶等级的提升而显著提高，为应对智能驾驶软件端的高算力等需求、硬件端的高性能与高控制要求等需求，软硬件一体化的车载计算平台应运而生。

传统汽车行业造的是“车”，高阶智能驾驶需要创造“驾驶员”。大部分智能驾驶/驾驶辅助功能的实现原理都是通过处理车载传感器所收集的数据判断场景，再依据场景提供相应的功能。而车载计算平台就是处理这些数据并做出相应判断的核心单元，其之于车载传感器以及车载控制系统的关系类似于人脑之于五官以及四肢的关系。

计算平台软硬件的差异是各厂商自动驾驶功能差异的核心所在，计算平台的性能优良体现了厂商自动驾驶技术实力的高低。

引导问题 2

请查阅相关资料，简述汽车架构技术变革历程。

____

____

____

汽车架构技术变革历程

汽车技术变革是一个从高度一体化的机械终端逐步转变为一个智能化、可拓展、可持续迭代升级的移动电子终端的过程，如图 1-2-1 所示。它经历了机械定义、硬件定义、软件定义三个阶段。

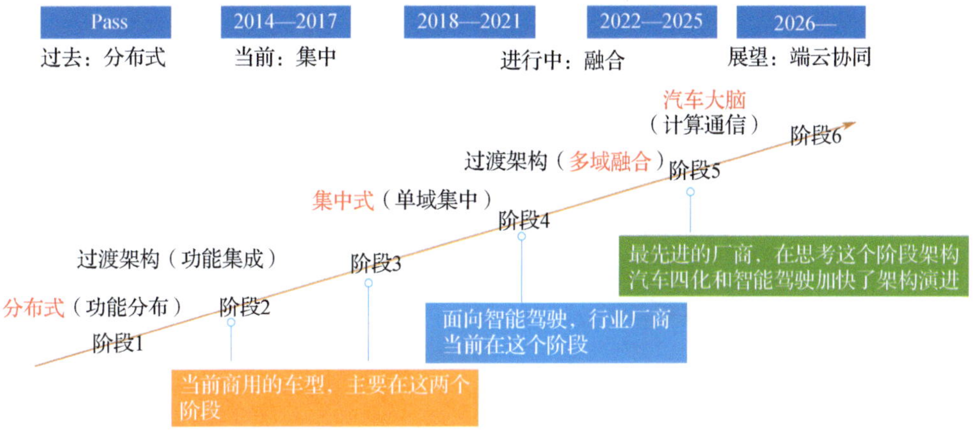

图 1-2-1　汽车架构发展图

一、机械定义汽车——铜电缆互联（图 1-2-2）

1. 单点通信技术的局限

布线系统为了实现各硬件间的信息传输，只能选择被动性的叠加，从而导致了装配成本过高、总重量超重等问题。

2. 车载总线技术的诞生

为了解决这一矛盾，催生了车载总线技术的诞生，各厂商推出了 CAN/LIN/FlexRay/MOST 等多种标准的总线链路，并允许相关硬件在同一总线链路下，实现数据以及功能的共享与传输，从而有效降低了原有布线系统的复杂性，提升了数据的传输效率。至此，汽车“硬件定义时代”被开启。

通信技术的革命是从“机械定义时代”跨向“硬件定义时代”的关键。

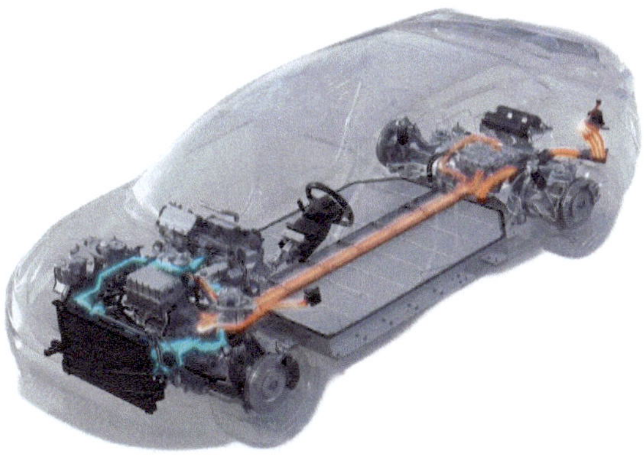

图 1-2-2　机械定义汽车

二、硬件定义汽车——CAN 总线为代表的互联（图 1-2-3）

随着音频、照明设备、排放电子模块等功能性模块的增加，电子控制单元（Electronic Control Unit，ECU）、传感器、仪表等电子元件的数量也随之急剧增多，硬件成为当时汽车架构中最主要的部分。

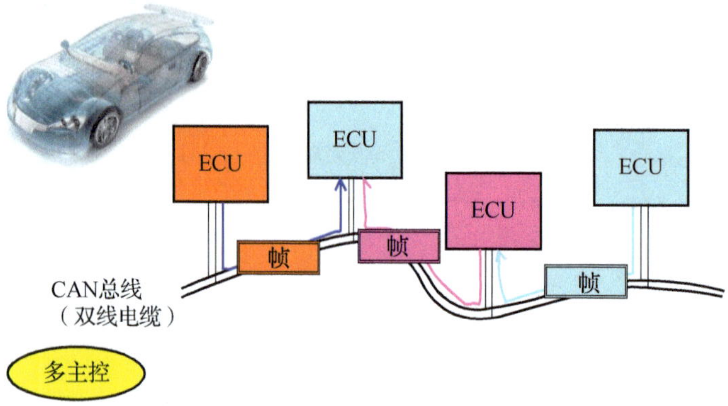

图 1-2-3　汽车 CAN 总线互联

1. 汽车软硬件高度耦合

在“硬件定义时代”，由于主机厂受制于自身研发能力和成本，只能依赖于具备较强研发能力的 ECU 供应商。但在分布式架构下，由于一个 ECU 对应一个功能，且往往带有嵌入式的软件系统，这就导致了在此阶段，汽车软硬件之间呈现高度的耦合。

2. 应用软件层分离，实现软硬件初步解耦

由于各供应商之间 ECU 标准不统一，导致了底层软件重复的问题凸显，资源利用率较低。

在此背景下，丰田、宝马、大众、福特、戴姆勒、通用、博世和 PSA（标致雪铁龙集团）等汽车巨头在 2003 年成立了 AUTOSAR（Automotive Open System Architecture，汽车开放系统体系结构）联盟，旨在为汽车 ECU 提供标准化的开放软件架构，以管理日益复杂的 E/E 车载环境。

AUTOSAR 的成立，将不同结构的 ECU 接口实现统一，而应用层与软硬件层也获得初步的解耦。同时，其赋予了应用软件更好的可扩展性以及可移植性，进一步增强了软件的复用率。

如图 1-2-4 所示，和传统的 ECU 架构相比，AUTOSAR 分层架构的高度抽象使得汽车嵌入式系统软硬件耦合度大大降低。AUTOSAR 使用一种标准化的数据交换格式，大大提高了软件复用度，尤其是跨平台的复用度。

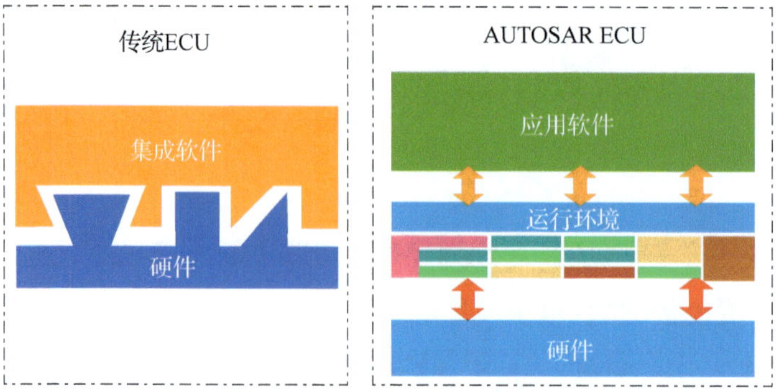

图 1-2-4　传统软件架构与 AUTOSAR 架构对比

AUTOSAR 的出现，在原有架构下驱动软硬件实现初步分离。

三、软件定义汽车——网络交换互联

尽管在“硬件定义时代”AUTOSAR 的出现，实现了软硬件的初步解耦，但其主要针对的还是分布式 ECU 架构，因此仍然保留着浓厚的“硬件定义”色彩，车载软件的更新依旧与汽车的生命周期同步。

随着智能网联化的推动和特斯拉的异军突起，倒逼主机厂进行架构的革新。汽车 E/E 架构也从分布式逐步演化至集中式架构，即将大量相同功能的 ECU 进行整合，并交由域控制器进行统一的管理调度，使开发人员能完全独立于底层硬件下进行上层软件的开发，以实现软硬件解耦范围的进一步扩大，以及内在数据的集中交互和决策处理。此时，AUTOSAR 随之升级为 Adaptive AUTOSAR（自适应 AUTOSAR）以适应新的智能化集中式 E/E 架构。“软硬件共同定义时代”全面来临。

最初的 AUTOSAR 规范（现在称为 Classic AUTOSAR）面向的是由托管在一个专用汽车电子控制单元（ECU）上的功能、硬件和必要软件共同驱动的电子电气架构。

Adaptive AUTOSAR 解决了硬软件分离的新需求，使得在一个“车辆服务器”中由计算集群将软件功能相结合，实现各种不同功能。Adaptive AUTOSAR 通过扩展 AUTOSAR 平台，满足了这种车辆服务器的特殊需求，如图 1-2-5 所示。

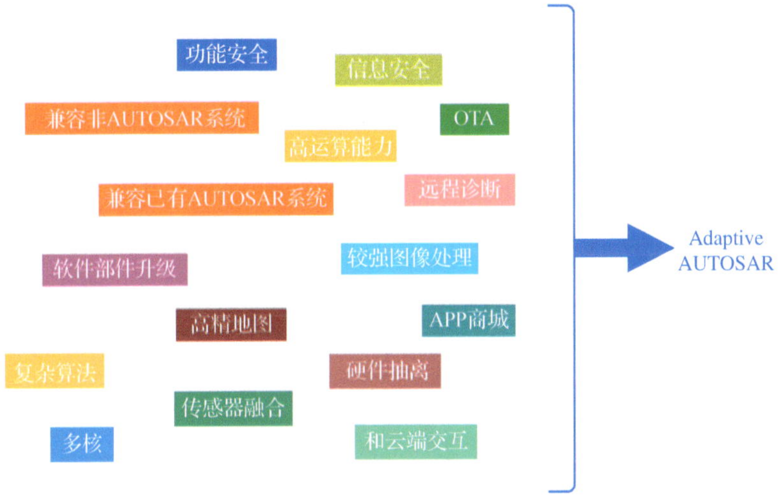

图 1-2-5 功能列举

引导问题 3

请查阅相关资料，简述汽车 E/E 架构的技术演变历程。

E/E 架构技术演变历程

一、汽车 E/E 架构定义

电子电气架构简称（Electrical/Electronic Architecture，E/E），指对汽车的传感器、执行器、ECU、线束、操作系统等整车软硬件进行设计，进而实现车内高效的信号传输、线束布置等效果。

E/E 架构作为整车的一种顶层设计，是以需求为导向，以功能实现方式为主导，满足法规、设计要求等特定约束的系统性技术解决方案。

通过 E/E 的设计，可将动力总成信息、娱乐信息等车身信息转化为实际的电源分配的物理布局、信号网络、数据网络、诊断、容错、能量管理等的电子电气解决方案。其目标是使整车 E/E 系统性能最优，成本最低。

二、汽车 E/E 架构发展历程

汽车硬件架构由分布式 ECU 向域控制 / 中央集中架构方向发展，升级路径表现为分布式（模块化→集成化）、域集中式（域控制集中→跨域融合）、中央集中式（车载计算机→车 - 云计算），如图 1-2-6 所示。

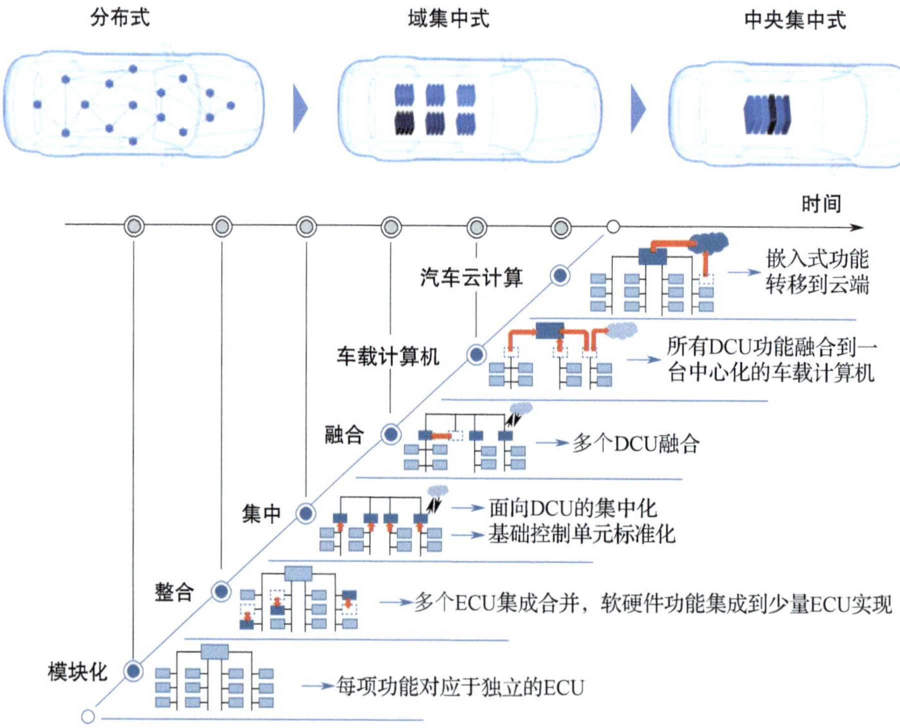

图 1-2-6　汽车电子电气架构演进趋势

1. 分布式 E/E 架构

传统分布式 E/E 架构中各 ECU 独立工作，数量近百个，硬件成本和能耗大，占据大量空间，如图 1-2-7 所示。

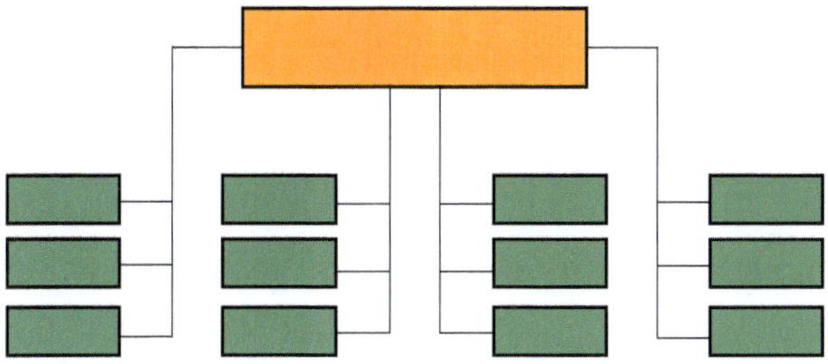

图 1-2-7 传统分布式 E/E 架构

随着智能汽车的发展，对 E/E 架构也提出了更高的要求。

ECU 作为汽车 E/E 架构的重要组成硬件，其数量随着配置需求与功能实现方式的增加而激增。面对这种无限制的扩张，分布式 E/E 架构很难高效地分配和承载数据网络、电能、控制器等过多的复杂功能。

智能汽车要求 E/E 架构能够满足高计算性能、高通信带宽、高功能安全性、高网络安全性、软件持续升级等多方面的需求。

现阶段分布式 E/E 架构的发展已接近瓶颈，无论是算力还是传输速率均已无法满足下一代智能汽车的需求，域集中式控制架构因此应运而生，满足了汽车的升级需求。

2. 域集中式 E/E 架构

如图 1-2-8 所示，部分车企一方面将 ECU 按车身、底盘、动力、信息娱乐等进行域的划分，另一方面通过中央控制网关实现跨功能连接，加强各个部件的协作。

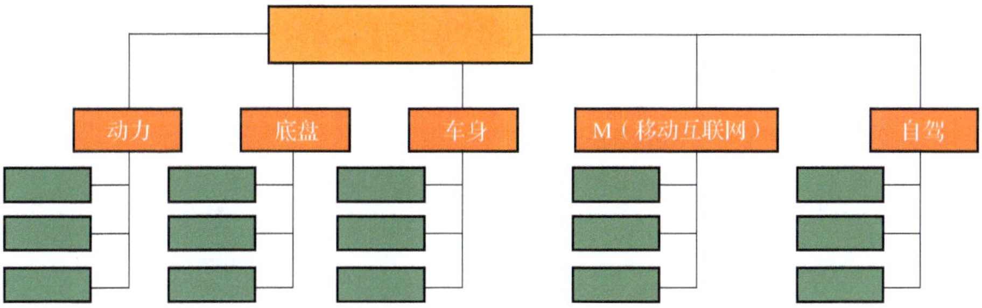

图 1-2-8 域集中式 E/E 架构

每个功能域设置一个域控制器，域控制器之间通过以太网和 CANFD（CAN with Flexible Data rate，CAN2.0 的升级版，继承了 CAN 总线的主要特性，具有更高的传输速率）相连。

与分布式相比，域集中式的主要优势（表 1-2-1）有：

表 1-2-1 分布式与域集中式对比

计算平台	分布式 E/E 架构	域集中式 E/E 架构
通信网关	CAN 总线	以太网
通信性能	总线负载率高，信号在子网络中重复发送	高带宽、低延时、低成本

（续）

计算平台	分布式 E/E 架构	域集中式 E/E 架构
协同性	各 ECU 独立工作，协同性差	域内统一连接控制、跨域协同
硬件数量	ECU 数量近百个，硬件成本和能耗大，占据大量空间	ECU 数量大幅下降、能耗下降、空间节省
算力冗余	算力冗余大，浪费严重	域内算力有效利用，核心计算性能大幅提升
集成验证难度	集成验证难度大，复杂功能难以开发	复杂功能开发难度大幅下降

1）算力利用率更高，减少算力设计总需求。汽车在实际运行过程中，大部分时间仅部分芯片执行运算工作，而且并未满荷运算，导致整车大部分运算处理能力处于闲置中，算力有效利用率较低。采用域控制器方式，可以在综合情况下，设计较低的总算力。

2）统一交互，实现整车功能协同。实现真正意义上的高级自动驾驶，不仅需要多传感器共同感知外部环境，还需要对车辆内部各运行数据进行实时监控，统一综合判断，实现执行机构协同操作。

3）缩短线束，降低故障率，减轻质量。采用分布式架构，ECU 增多后线束会更长，错综复杂的线束布置会导致互相电磁干扰，故障率提升，此外也意味着更重。

3. 整车中央集中式 E/E 架构

预计在 2025 年后，E/E 架构将进一步升级，由现有域集中式迈向整车中央集中式 E/E 架构。中央计算平台是最高决策层，区控制器根据车辆的物理位置划分，充当网关角色，分配数据与电力，集成度进一步提升，如图 1-2-9 所示。线束设计将进一步简化，以降低成本。同时支持软件功能的迭代与扩展。

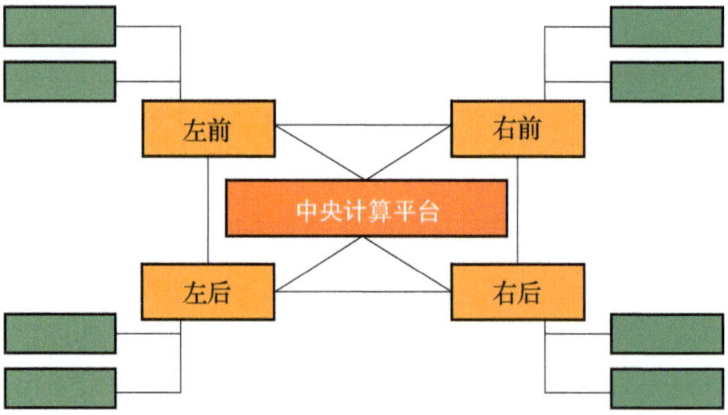

图 1-2-9　整车中央集中式 E/E 架构

4. 车云计算架构（图 1-2-10）

在更进一步的车云计算架构中，车内和云端架构无缝结合：车端计算用于车辆内部的实时处理，云计算作为补充，为智能汽车提供非实时性的数据交互和运算处理［如 IVI（In-Vehicle Infotainment，车载信息娱乐系统）］，完成部分实时性要求不高的计算。

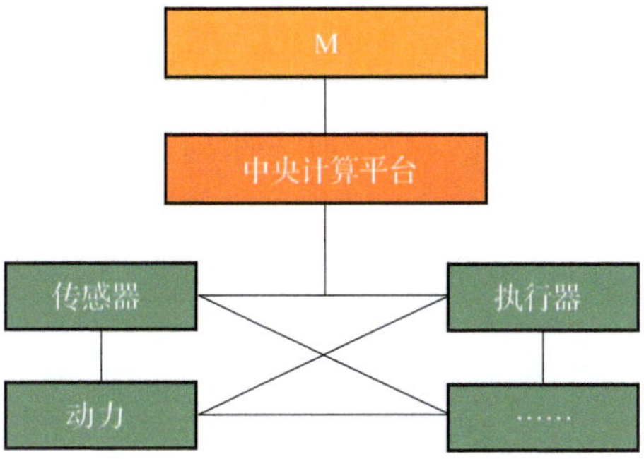

图 1-2-10 车云计算架构

引导问题 4

请查阅相关资料，填写出以下芯片相关术语的含义。

CPU：______

GPU：______

MCU：______

SoC：______

汽车芯片相关术语

当汽车进入电动化、智能化赛道后，产品变革衍生出许多芯片专有名词，如 CPU、GPU、NPU、SoC 等。这些参数格外重要，甚至不逊于燃油车时代的一些核心部件配置。

1. CPU

汽车 CPU（Central Processing Unit）是汽车中央处理器，作为计算机系统的运算和控制核心，是信息处理、程序运行的最终执行单元。CPU 的结构主要包括运算器（Arithmetic and Logic Unit，ALU，算术逻辑单元）、控制单元（Control Unit,CU）、寄存器（Register）、高速缓存器（Cache）和内部控制总线。

简单来说就是：计算单元、控制单元和存储单元。计算单元主要执行算术运算；存储单元主要保存数据以及指令等；控制单元则对指令译码。

2. GPU

GPU（Graphics Processing Unit）叫作图形处理器，又称显示核心、视觉处理器、显示芯片。它是一种专门在个人计算机、工作站、游戏机和一些移动设备（如平板电脑、智能手机等）上进行图像和图形相关运算工作的微处理器。

图形处理通常会让人想起显卡。早期显卡不但不能处理三维图形，甚至连二维图形都无法处理，它仅具备显示能力。今天，GPU 不但能够处理复杂的三维图形，还能作为协处理器，在通用计算中使用。图形处理器的发展是从图形显示适配器开始的，到图形加速器，再到图形处理器即 GPU，其功能在不断增强。

3. MCU

MCU是微控制器，控制着汽车内所有的电子系统，比如多媒体、音响、导航、悬架等。作为汽车电子控制系统的核心，MCU必须具有耐高温和坚固的特性，使之在复杂的汽车内部环境中不容易损坏。

MCU分为1位、4位、8位、16位、32位甚至64位。4位MCU大部分应用在计算器、车用仪表、车用防盗装置。

4. NPU

可以理解为NPU就是AI芯片，普通芯片就是CPU。自动驾驶和智能座舱都离不开NPU。换句话说，NPU具备智能和学习的特性，也就是说这个处理器会模仿人的大脑神经网络。

在工作模式上，CPU主要负责低精度的各种普通数据，NPU则负责人工智能算法。

5. SoC

SoC（System on Chip）即系统级芯片，也称片上系统，简单地理解就是把几种不同类型的芯片集成到一块芯片上，比如把CPU、GPU、存储器、蓝牙芯片等集成到一个芯片上。

例如，智能座舱上的WiFi功能和蓝牙功能，都是集成在SoC芯片上，高通骁龙8155就属于SoC芯片。

6. TOPS

TOPS（Tera Operations Per Second）即处理器运算能力单位，也就是常说的算力，1 TOPS代表处理器每秒可进行一万亿次。我们熟知的高通骁龙8155芯片算力是8TOPS，英伟达orin芯片算力为254TOPS。

汽车向L1、L2、L3、L4、L5不断推进，某种意义上看，就是算力的竞赛，每往上进阶一级就意味着对算力的需求更高。

7. DMIPS

DMIPS（Dhrystone Million Instructions executed Per Second）主要用于衡量整数计算能力，指的是在执行Dhrystone（是一种整数运算测试程序）测试的情况下，每秒可以执行多少指令。

某种意义上，DMIPS数值大小决定了CPU性能优劣。50000DMIPS就意味着每秒可以执行50000×100万条指令。

8. DPU

DPU是Data Processing Unit的简称，即中央处理器分散处理单元，属于深度学习处理器，是基于Xilinx可重构特性的FPGA芯片。

DPU是最新发展起来的专用处理器的一个大类，是继CPU、GPU之后，数据中心场景中第三颗重要的算力芯片，为高带宽、低延迟、数据密集的计算场景提供计算引擎。

DPU可以用于机器学习、安全、电信和存储等，并提升性能。

引导问题 5

请查阅相关资料，简述车载智能计算基础平台硬件特点。

____

____

____

车载智能计算基础平台硬件结构组成

车载计算平台是智能驾驶域中高性能车载计算模块的具体实现形态，包含由芯片、模组、接口等组成的硬件平台、系统软件与应用/功能软件构成的车控操作系统等。

如图 1-2-11 所示，硬件平台由异构分布硬件架构组成，以支撑不同功能的实现与高算力需求，在异构硬件平台上，软件也需要通过异构分布式操作系统协同合作。

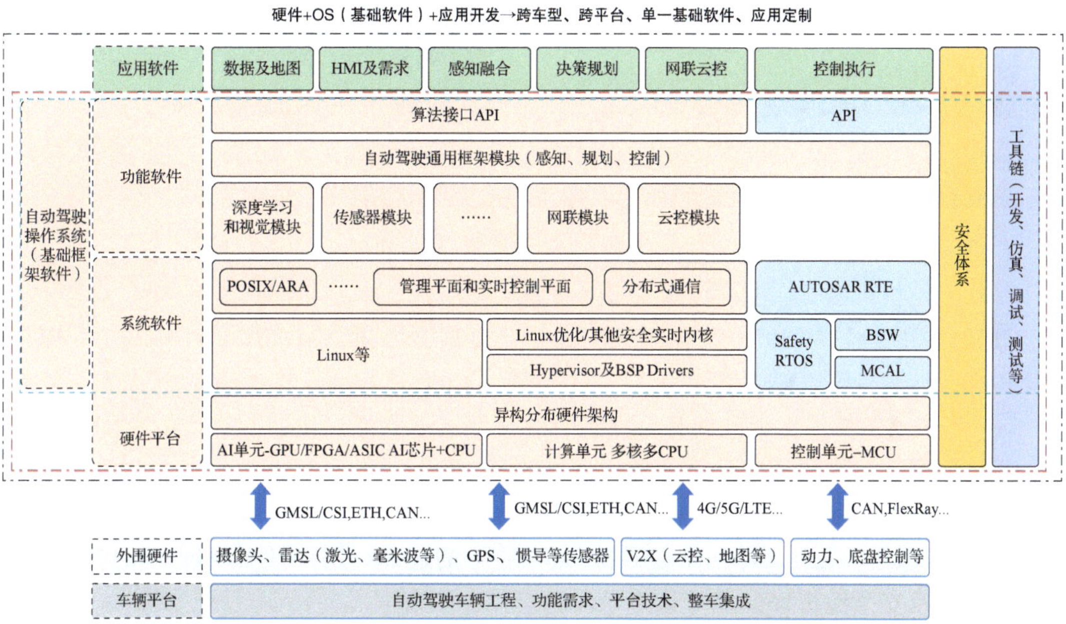

图 1-2-11　车载智能计算平台及计算基础平台参考架构

一、硬件平台结构

计算平台结构通常包括电路 PCB、散热部件和外壳。

我国微机学会的定义：嵌入式系统是以嵌入式应用为目的的计算机系统。可分为系统级、板级、片级。

电路 PCB 是计算平台功能实现的核心，即通常所称的计算平台“硬件”。计算平台硬件等级可分为三个等级：板级、片级和核级。

1. 板级

板级即 PCB，其上集成了 SoC、I/O 接口、内存、电源模块以及其他电子器件，如图 1-2-12 所示。

2. 片级

片级即系统级芯片（SoC），主控芯片上集成了多个和多类计算单元。

在传统 PC 时代，各个核心芯片都以独立的方式存在，比如英特尔和 AMD 的 CPU、NVIDIA 的 GPU 等。到了移动互联网时代，由于体积、功耗方面的要求，主芯片集成度大幅提升，除了 CPU 和 GPU，通常还包含音频、多媒体、显示、安全、通信、AI 计算等子单元。

更高阶的自动驾驶功能对计算平台的算力要求越来越高，考虑冗余的功能安全要求，单 SoC 设计已经无法满足要求，计算平台需要集成多个主 SoC，如图 1-2-13 所示。

图 1-2-12　自动驾驶计算平台 PCB

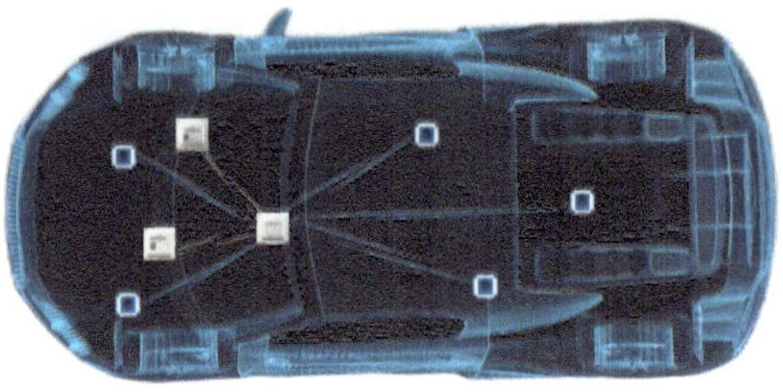

图 1-2-13　车规级 SoC

3. 核级

核级即芯片的计算单元，如 CPU、GPU、FPGA、ASIC 等。

不同种类的计算单元有各自的优势，分别负责不同的任务。

CPU 通用性最强，主要负责复杂逻辑运算。

GPU 通用性不如 CPU，功耗相对较高，但计算能力强，适合同时处理大量的简单计算任务，如运行深度学习算法。

FPGA 和 ASIC 是专用型计算单元，针对某类运算定制，以达到最优的性能和功耗比。这类计算单元主要用来运行如神经网络等 AI 算法。

FPGA 运算速度快，通用性弱于 GPU 但功耗优于 GPU，因其易修改，主要用作 ASIC 的验证版本。ASIC 属于为 AI 特定场景定制的芯片，通用性低但针对特定场景的每瓦功耗以及安全性更好，属于最终阶段的产品，开发成本较高。

二、软件异构硬件方案

对于 L3 及以上等级自动驾驶车辆，车载智能计算基础平台需兼容多类型、多数量传感器，并具备高安全性和高性能。现有单一芯片无法满足诸多接口和算力要求，需采用异构芯片的硬件方案。

异构芯片的基本构成为 AI 专用计算单元 + 通用计算单元 + 控制单元。

1. AI 专用计算单元

特点：采用并行计算架构，并使用多核 CPU 配置；芯片多选用 GPU、FPGA、ASIC 等。

功能：通过加速引擎实现对多传感器数据的高效处理与融合，获取用于规划及决策的关键信息。

2. 通用计算单元

特点：采用车规级多核 CPU 芯片，单核主频高，计算能力强，满足相应功能安全要求。

功能：执行自动驾驶相关大部分核心算法，同时整合多源数据完成路径规划、决策控制等功能。

3. 控制单元

特点：控制单元基于传统车控 MCU，加载底盘 AUTOSAR 平台基础软件。

功能：控制单元 MCU 通过通信接口与 ECU 相连，实现车辆动力学横纵向控制并满足功能安全 ASIL-D 等级要求。

ASIL 表示汽车安全性等级，是 ISO 26262 标准针对道路车辆的功能安全性定义的风险分类系统。该标准将功能安全定义为“不存在由电气电子系统故障行为相关的危害引起的不合理风险”。ASIL 根据对汽车部件的危害概率和承受度，确立符合 ISO 26262 标准的安全要求。

ISO 26262 确定了四种 ASIL 等级——A、B、C 和 D。ASIL A 代表最低程度的汽车危害，ASIL D 则代表最高程度的汽车危险。

安全气囊、防抱死制动系统和动力转向系统必须达到 ASIL D 级，这是应用于安全保障的最严苛等级，因为其失效带来的风险最高。而后灯等部件，仅需达到 ASIL A 级即可。前照灯和制动灯通常是 ASIL B 级，而巡航控制通常是 ASIL C 级。

4. 硬件异构的表现形式

单板卡集成多种架构芯片：如奥迪 zFAS 集成 MCU（微控制器）、FPGA（现场可编程门阵列）、CPU（中央处理器）等。

在功能强大的单芯片（SoC，系统级芯片）上同时集成多个架构单元，如英伟达 Xavier 集成 GPU（图形处理器）和 CPU 两个异构单元。

引导问题 6

请查阅相关资料，简述智能驾驶计算平台软件组成。

____

____

____

车载智能计算基础平台系统软件层

基于异构分布硬件架构的整体基础框架软件，包含系统软件和功能软件两部分。

一、系统软件

1. 功能

系统软件是针对汽车场景定制的复杂大规模嵌入式系统运行环境。

2. 组成

如图 1-2-14 所示，系统软件一般包含操作系统内核、虚拟化管理、POSIX（可移植操作系统接口）、系统中间件及服务等。

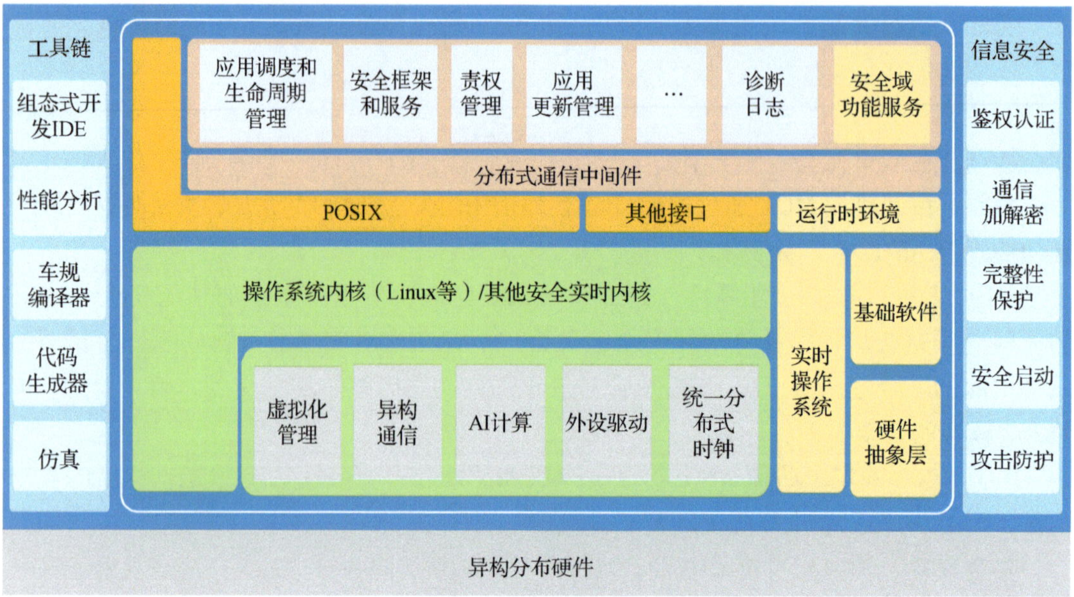

图 1-2-14　系统软件架构

系统软件层承上启下，实现应用软件与物理硬件分离。它自下向上主要分为三层。

（1）虚拟机（Hypervisor）

通过虚拟化将物理硬件隐藏，实现多个操作系统共享一个芯片。

（2）操作系统内核

操作系统内核即狭义操作系统［如 OSEK OS（实时操作系统）、QNX、Linux］。内核提供操作系统最基本的功能，负责管理系统的进程、内存、设备驱动程序、文件和网络系统，决定着系统的稳定性和性能。

（3）中间件

中间件处于功能应用和操作系统之间，提供标准接口、协议，保证上层软件具有较高的移植性。

二、功能软件

1. 功能

功能软件将共性需求软件化、模块化，助力应用程序快速部署。通过提取智能驾驶核心共性需求，形成智能驾驶各共性服务功能模块，高效实现驾驶自动化功能开发。

2. 组成

如图 1-2-15 所示，功能软件由应用软件接口、智能驾驶通用模型、功能软件通用框架，以及数据抽象组成。

目前功能软件的整体集成由整车厂主导，而各个功能模块的研发由软件供应商与整车厂合作完成，其中主要包含自动驾驶通用框架模块、传感器抽象功能模块、感知融合功能模块、预测功能模块、定位功能模块等。

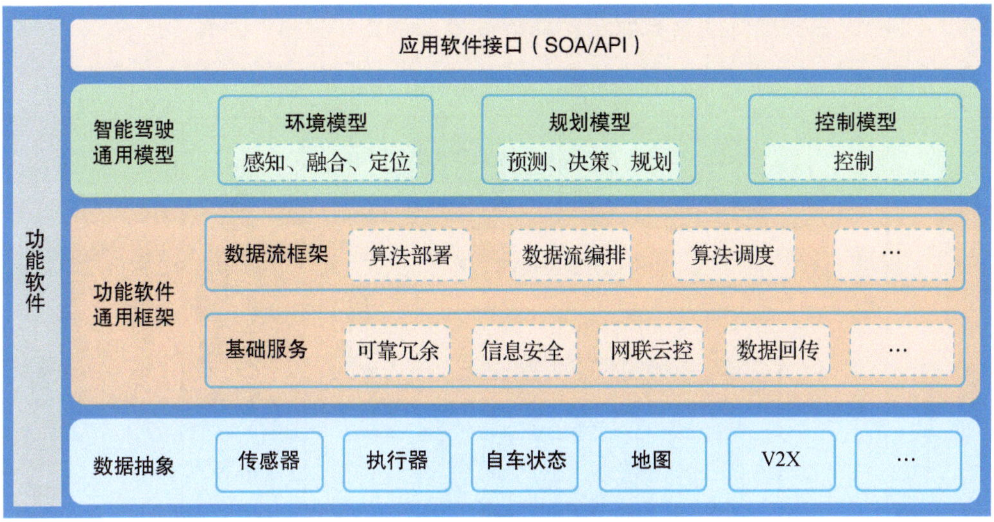

图 1-2-15　功能软件架构图

3. 应用示例

以感知融合功能模块为例，在日常的车辆运行过程中，周围的交通环境会因为天气、拥堵程度等不可控因素而变得十分复杂，因此仅靠单一的传感器难以适应全工况、全天候的环境感知，此时就需要不同特性的传感器相互配合，从而提升感知的性能和可靠性，如图 1-2-16 所示。

图 1-2-16　不同天气环境下的传感器测量

感知融合功能模块便是将各类不同特性的传感器的测量结果（包括车辆状态、车辆模型等）抽象化后，完成在数字世界中对环境模型的构建，最终输出至自动驾驶预测和决策模块。

总体而言，功能软件对智能驾驶中的一些共性需求进行有效抽象，并将其软件化、模块化、标准化，结合系统软件共同构建完整的操作系统，并且配合成熟的工具链使得整车厂可以快速实现智能驾驶应用功能的部署，如图 1-2-17 所示。

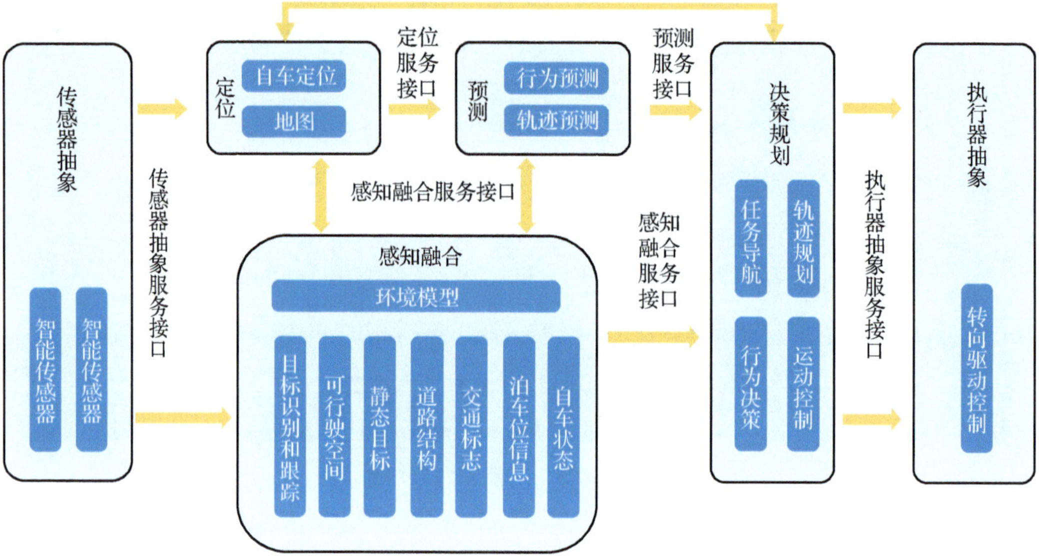

图 1-2-17　功能软件主要包含模块

应用程序主要用于实现具体的自动驾驶功能。开发者根据自身产品功能定义，利用功能软件层提供的基础库，设计出具体的应用功能，比如低等级的辅助驾驶功能［AEB、自适应巡航控制系统（ACC）等］、较高等级的自动驾驶功能［自动泊车系统（APA）、交通拥堵自动驾驶（TJP）、高速路自动驾驶（HWP）等］，甚至 L4 以上的自动驾驶功能。

任务分组

学生任务分配表

班级		组号		指导老师	
组长		学号			
组员角色分配					
信息员		学号			
操作员		学号			
记录员		学号			
安全员		学号			
任务分工					
（就组织讨论、工具准备、数据采集、数据记录、安全监督、成果展示等工作内容进行任务分工）					

工作计划

根据前面所了解的知识内容和小组内部讨论的结果，制定工作方案，落实各项工作负责人，如任务实施前的准备工作、实施中主要操作及协助支持工作、实施过程中相关要点及数据的记录工作等。

工作计划表

步骤	工作内容	负责人
1		
2		
3		
4		
5		
6		
7		
8		

进行决策

1）各组派代表阐述资料查询结果。

2）各组就各自的查询结果进行流，并分享技巧。

3）教师结合各组完成的情况进行点评，选出最佳方案。

任务实施

调研分析智能驾驶计算平台产品实训工单	
记录	完成情况
1）简述汽车技术革命的影响。 ______ ______ ______	已完成□　未完成□
2）简述 E/E 架构升级对汽车智能化的意义。 ______ ______ ______	已完成□　未完成□
3）简述智能驾驶计算平台的软硬件基本结构组成。 ______ ______ ______	已完成□　未完成□

评价反馈

1）各组代表展示汇报 PPT，介绍任务的完成过程。

2）以小组为单位，对各组的操作过程与操作结果进行自评和互评，并将结果填入综合评价表中的小组评价部分。

3）教师对学生工作过程与工作结果进行评价，并将评价结果填入综合评价表中的教师评价部分。

综合评价表

<table>
<tr><th>班级</th><th></th><th>组别</th><th></th><th>姓名</th><th></th><th>学号</th><th></th></tr>
<tr><td colspan="2">实训任务</td><td colspan="6"></td></tr>
<tr><td colspan="2">评价项目</td><td colspan="4">评价标准</td><td>分值</td><td>得分</td></tr>
<tr><td rowspan="9">小组评价</td><td>计划决策</td><td colspan="4">制定的工作方案合理可行，小组成员分工明确</td><td>10</td><td></td></tr>
<tr><td rowspan="3">任务实施</td><td colspan="4">能简要概述汽车技术革命的影响</td><td>20</td><td></td></tr>
<tr><td colspan="4">能简要概述 E/E 架构升级对汽车智能化的意义</td><td>20</td><td></td></tr>
<tr><td colspan="4">能简要概述智能驾驶计算平台的软硬件基本结构组成</td><td>20</td><td></td></tr>
<tr><td>任务达成</td><td colspan="4">能按照工作方案操作，按计划完成工作任务</td><td>10</td><td></td></tr>
<tr><td>工作态度</td><td colspan="4">认真严谨、积极主动</td><td>10</td><td></td></tr>
<tr><td>团队合作</td><td colspan="4">小组组员积极配合、主动交流、协调工作</td><td>5</td><td></td></tr>
<tr><td>6S 管理</td><td colspan="4">将鼠标、键盘、桌椅进行归位</td><td>5</td><td></td></tr>
<tr><td colspan="5">小计</td><td>100</td><td></td></tr>
<tr><td rowspan="7">教师评价</td><td>实训纪律</td><td colspan="4">不出现无故迟到、早退、旷课现象，不违反课堂纪律</td><td>10</td><td></td></tr>
<tr><td>方案实施</td><td colspan="4">严格按照工作方案完成任务实施</td><td>20</td><td></td></tr>
<tr><td>团队协作</td><td colspan="4">任务实施过程互相配合，协作度高</td><td>20</td><td></td></tr>
<tr><td>工作质量</td><td colspan="4">能准确完成任务实施的内容</td><td>20</td><td></td></tr>
<tr><td>工作规范</td><td colspan="4">操作规范，三不落地，无意外事故发生</td><td>10</td><td></td></tr>
<tr><td>汇报展示</td><td colspan="4">能准确表达、总结到位、改进措施可行</td><td>20</td><td></td></tr>
<tr><td colspan="5">小计</td><td>100</td><td></td></tr>
<tr><td>综合评分</td><td colspan="6">小组评价分 ×50%+ 教师评价分 ×50%</td><td></td></tr>
<tr><td colspan="8">总结与反思</td></tr>
<tr><td colspan="8">（如：学习过程中遇到什么问题→如何解决的 / 解决不了的原因→心得体会）</td></tr>
</table>

任务三　调研分析智能驾驶计算平台产业

学习目标

- 了解智能驾驶计算平台的行业发展背景以及发展现状。
- 了解智能驾驶计算平台的行业发展趋势。
- 了解智能驾驶计算平台国内外主流厂商的类型、实力和产品，培养积极探索的职业精神。

知识索引

- 调研分析智能驾驶计算平台产业
  - 行业发展背景
    - 汽车产业方向趋向平台化和标准化
    - 智能驾驶计算平台是产业发展的关键
  - 行业发展现状
    - 需求量大
    - 算力要求高
  - 国内外主流计算平台厂商认知
    - 厂商类型
    - 厂商实力
    - 主流厂商产品
  - 行业发展趋势
    - 技术要求越来越高
    - 芯片开放度将逐步提高
    - 整车企业逐步形成自研
    - 自动驾驶SoC芯片正向“CPU+XPU”的异构式架构发展

情境导入

某自动驾驶公司计划研发一款智能驾驶汽车，现对市面上的智能驾驶计算平台进行挑选，你作为一名车载计算平台开发工程师，主管要求你对市面上的智能驾驶计算平台产品进行分析，并写出分析报告。

获取信息

引导问题 1

请查阅相关资料，简述智能驾驶计算平台的行业背景。

____

____

____

行业发展背景

一、汽车产业方向趋向平台化和标准化（图 1-3-1）

1. 平台化

从汽车工业发展历史看，平台化是行业不断向前发展的优秀内在基因之一。同一个平台可以衍生多款车型。比如一个电动平台，可以衍生出电动客车、电动货车与电动乘用车等；在汽车企业之间，也可以共用一个平台，比如同一个底盘，可以被不同客户的不同车型使用。

从复杂系统技术集成度看，平台化有利于技术突破并保证高质量、高可靠。传统汽车的发动机、变速器等核心零部件，涉及的技术非常复杂，质量要求高、研发周期长，集中优势资源可加速技术创新与突破，也更易于质量管控与提升零部件的质量。

2. 标准化

工业标准化也是汽车工业快速发展的重要原因之一。汽车工业体系复杂，涉及产业链上下游众多参与方，标准化促进产业链的精细化分工，提升产业链研发与制造效率，降低替换成本。智能驾驶产业也是如此，涉及计算平台、传感器、执行器、应用算法等。计算平台实现软硬件解耦与模块化设计，与其他各模块之间的接口需遵循汽车工业的标准化模式，标准化是智能驾驶产业能够健康快速发展的内在要求。

平台化与标准化是构建智能驾驶产业链的出发点。通过智能驾驶相关产品与解决方案的规划、研发以及生产制造的平台化与标准化，可促进产业链的精细化分工与密切配合，提升整个产业链的研发效率，降低研发成本，从而推动整个产业的规模化普及商用。

图 1-3-1　汽车产业方向趋向平台化和标准化

二、智能驾驶计算平台是产业发展的关键

1. 技术必要性

智能驾驶业务场景多，技术难度高，产业链长且分工复杂。体系封闭、各自为政、资源投入分散的产业链现状，无法形成合力，产业发展进程缓慢。如何才能驱动产业快速发展，智能驾驶计算平台是关键。

作为汽车大脑的计算平台，技术复杂度高，研发设计、生产制造、验证测试难度大且周期长，而且汽车工业对性能、可靠性及安全性要求极高。传统汽车企业缺乏芯片、操作系统等技术的研发积累，初创企业资源有限，无法支撑底层技术的长期投入，因此产业界呼唤智能驾驶计算平台的出现。

2. 产业需求

自动驾驶芯片是智能驾驶汽车生态发展的核心。随着汽车智能化的迅速发展、自动驾驶级别的提升以及功能应用的丰富，汽车对芯片算力的需求越来越大，各大车企也开始重视芯片研发，行业发展迎来了“春天”。图 1-3-2 为来源于 Wind 数据的 2020 年到 2040 年全球自动驾驶渗透率及预测。

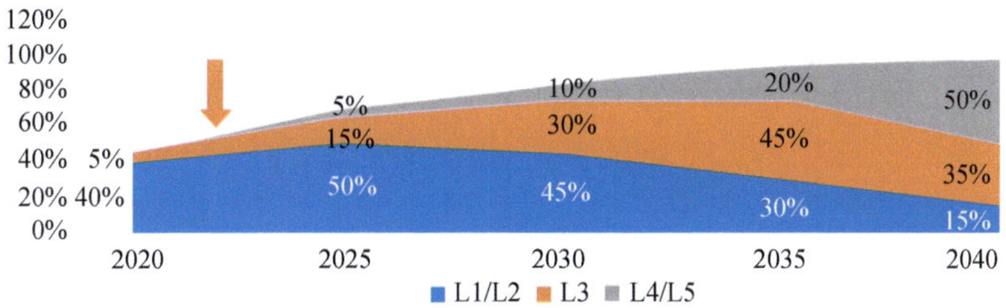

图 1-3-2　全球自动驾驶渗透率及预测（2020—2040 年）

引导问题 2

请查阅相关资料，简述国内外智能驾驶平台行业发展现状。

____

____

____

行业发展现状

一、需求量大

随着自动驾驶车辆销量连年增高，行业发展进入快车道，自动驾驶功能的搭载对象从高端车扩展到中低端车型。汽车的每一个配置以及多个配置涉及的网关中，都会内置车载芯片，分别控制着不同的功能，因此芯片数量需求巨大。

具体到市场体量，如图 1-3-3、图 1-3-4 所示，据 Wind 数据统计，2021 年全球自动驾驶芯片市场规模约 23 亿美元，其中中国市场约 8 亿美元，预计 2021—2025 年全球及中国市场年复合增速将超过 30%。

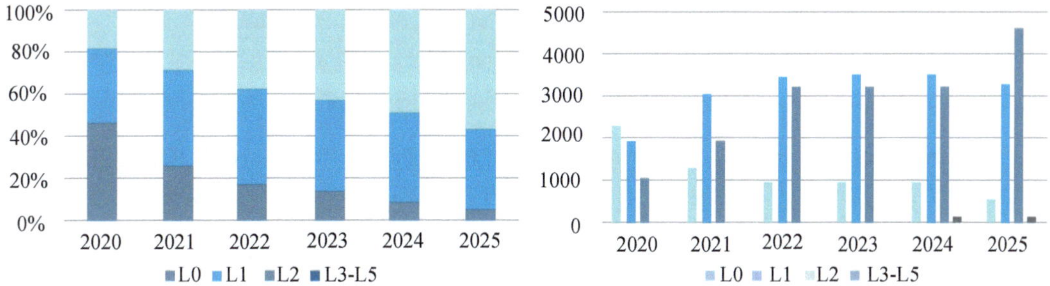

a）全球自动驾驶汽车渗透率　　b）全球自动驾驶汽车销量（万辆）

图 1-3-3　2020—2025 年全球 / 中国自动驾驶汽车（预计）销量

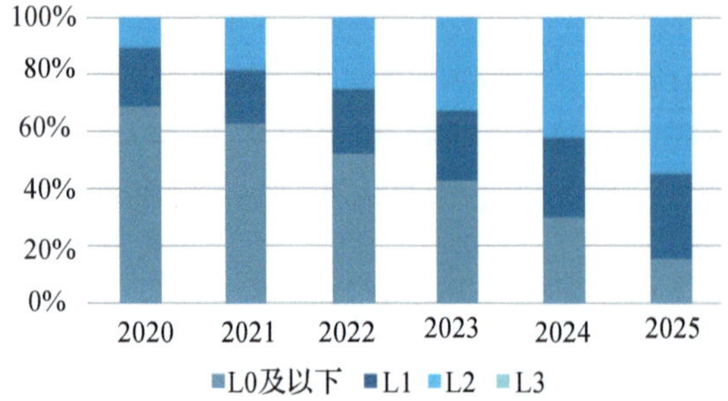

c）中国自动驾驶汽车渗透率

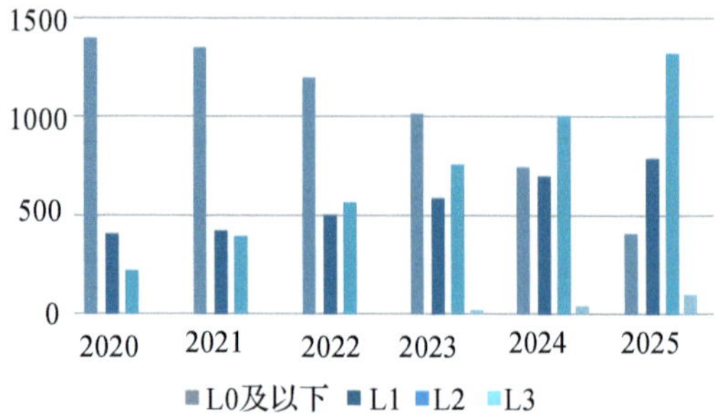

d）中国自动驾驶汽车销量（万辆）

图 1-3-3　2020—2025 年全球 / 中国自动驾驶汽车（预计）销量（续）

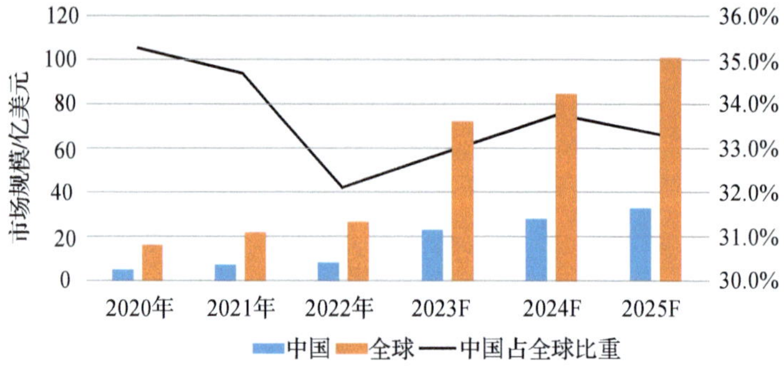

图 1-3-4　2021—2025 年全球及中国自动驾驶芯片（预计）市场规模情况

二、算力要求高

市场应用方面，L3 及以上级别的自动驾驶有望在封闭、半封闭和低速场景下率先应用。深度学习算法的引入使得数据处理量越来越大。级别越高对算力的需求也越大，如图 1-3-5 所示。

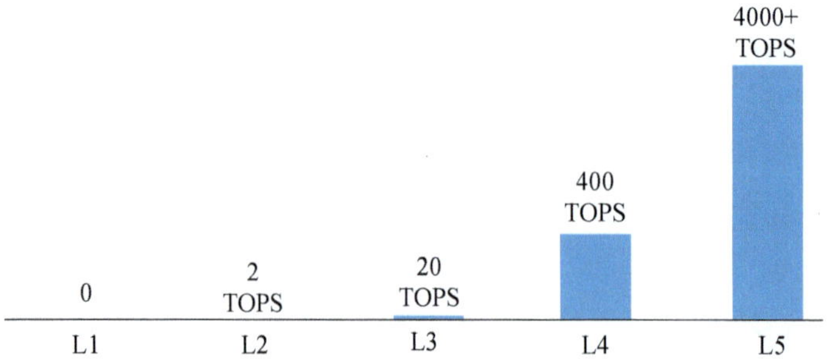

图 1-3-5　不同自动驾驶等级对于算力需求

数据显示，L3 级自动驾驶对算力需求为 20~30TOPS，L4 级需要 200TOPS 以上，L5 级则超过 2000TOPS。预计到 2025 年前后自动驾驶汽车将开始一轮爆发式增长，国内外包括特斯拉、英伟达、高通及华为等厂商都在积极布局更大算力的自动驾驶芯片的研发和应用，抢占市场发展先机。

从一级资本市场来看，2022 年以来半导体投融资市场迎来前所未有的寒冬时刻，像半导体、新能源这样的热门赛道，优秀公司的估值也比此前预期下降了 30% 左右。

但细分到具体赛道，以自动驾驶芯片为代表的车规级芯片项目仍受追捧，以国内为例，包括地平线、黑芝麻等国内头部及奕行智能等创新型企业先后获得巨额融资，见表 1-3-1。行业整体处于快速发展阶段，未来 5 年将是高速发展黄金期。

表 1-3-1 2022 年以来国内自动驾驶芯片市场融资情况

时间	企业	融资额	轮次	投资机构
2022.2	奕行智能	近 2 亿元	天使轮	和利资本、临芯投资联合领投
2022.6	地平线	–	战略融资	中国一汽
2021.9	黑芝麻智能	合计 5 亿美元	C 轮	小米长江产业基金领投
2022.8			C+ 轮	武岳峰科创领投

引导问题 3

请查阅相关资料，介绍智能驾驶计算平台行业三家主要厂商和基本情况。

____

____

____

国内外主流计算平台厂商认知

一、厂商类型

目前智能驾驶计算平台厂商分为四类：传统汽车芯片厂商（瑞萨、Mobileye 等）、消费电子芯片厂商（英伟达、高通等）、研发能力较强的主机厂（特斯拉）与科技公司（华为、地平线、黑芝麻）。

传统汽车芯片厂商具备汽车产业链优势，但是芯片功能相对单一，采取基于 ADAS 不断补充功能实现更高级别自动驾驶的“自下而上”的策略。

随着 L2+ 高级别自动驾驶逐渐落地，传统单一功能的汽车芯片已无法满足要求，具备较强 AI 计算优势的消费电子芯片厂商快速切入，凭借“自上而下”的策略实现弯道超车。

此外，具备较强研发能力的主机厂（特斯拉）及部分科技公司（华为、地平线、黑芝麻）也是主要参与者。

二、厂商实力

在这四类厂商中，第一梯队是芯片巨头英伟达和高通，一流芯片算力基本在 100TOPS 以上，算力功耗比 3.0 以上。英伟达新一代 Orin 单芯片算力 254TOPS，相比其他厂商普遍高 4~10 倍。具体来看，英伟达相对高通功耗控制较差，算力功耗比相对偏低。

第二梯队是特斯拉和黑芝麻，它们与第一梯队芯片工艺能力还有较大差距，单芯片算力 70TOPS 左右。

第三梯队是 Mobileye 和地平线，单个芯片算力普遍比较低（25TOPS 以下），仅能实现 L2 及以下功能。

华为昇腾系列多款芯片支持多个自动驾驶级别，比如昇腾 610 芯片算力高达 200TOPS，在算力层面上已处于第一梯队的位置。

总体来看，芯片目前处于技术快速迭代期，算力不断提升。

三、主流厂商产品

表 1-3-2 为国内外自动驾驶计算平台厂商产品信息列举。

表 1-3-2　国内外自动驾驶计算平台厂商产品信息列举

技术路线	厂家	计算平台名称	代表芯片	芯片算力/TOPS	算法支持	推出时间	产品图片
整套解决方案	英特尔（Mobileye）	EyeQ	EyeQ Ultra	176	封闭算法	2022	
平台化硬件	英伟达	NVIDIA DRIVE AGX Orin	NVIDIA DRIVE Orin	254	提供工具链和软件算法参考模型、客户自定义算法	2019	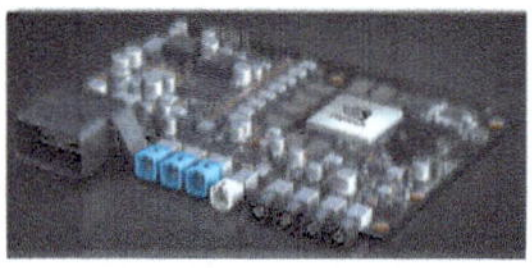
	高通	Snapgradgon Ride platform	高通 SA8295P	30		2023	
	华为	MDC 系列	昇腾系列芯片	≥ 128		2020	
	地平线	Matrix5	征程 5	最高 128		2022	
	黑芝麻	黑芝麻 FAD	华山二号 A1000	58		2020	

（续）

技术路线	厂家	计算平台名称	代表芯片	芯片算力/TOPS	算法支持	推出时间	产品图片
全栈自研	特斯拉	Tesla FSD	自研 SoC	72	自研	2021	
传统E/E转型	德州仪器	Texas Instruments TDA4VM	TDA4VM	8	提供硬件平台，提供算法相关支持	2020	

引导问题 4

请查阅相关资料，简述智能驾驶计算平台行业发展趋势。

____

____

____

行业发展趋势

一、技术要求越来越高

1. 算力要求高

由于处理的传感器信息需要大量冗余，对终端算力要求极高，并且车速越快，对计算能力要求越高。

2. 实时性要求高

任何超出一定范围的延迟，都有可能造成事故，终端负责自动驾驶的核心计算和决策功能，因此终端计算的实时性要求极高。

3. 能效要求高

高能耗带来的热量也会降低系统稳定性。例如支持 L4 的 NVIDIA Drive Pegasus 功耗为 460W，只能应用于小规模的测试车。

4. 可靠性要求高

真正满足车规的自动驾驶芯片需要在严寒酷暑、刮风下雨或长时间运行等恶劣条件下，都有稳定的计算表现。

二、芯片开放度将逐步提高

芯片研发开放性是指芯片底层代码的开放程度，开放度越高供应商主导权越低，整车厂功能开发的自由度则越高。功能差异化是未来整车厂形成竞争优势的关键之一。

现阶段整车厂技术仍在积累过程中，主要采用部分开放的解决方案。未来整车厂功能拓展需求持续提高，技术得到积累，对于完全开放的需求将显著提高。

三、整车企业逐步形成自研

整车厂未来发展的关键在于掌握车载计算平台核心环节，从而能够进行自主功能与应用的研发与迭代，打造核心竞争力。该发展趋势下，整车厂将对软件持续加强布局，硬件开放度也将受需求推动而提高。

有能力的厂商将逐步实现全栈能力，其他厂商应重点掌握应用软件技术。

四、自动驾驶 SoC 芯片正向“CPU+XPU”的异构式架构发展

CPU+ASIC 方案逐渐成为未来主流选择，汽车芯片结构形式也将由 MCU 进化至 SoC。目前市面上主流的自动驾驶芯片 SoC 架构方案分为三种：CPU+GPU+ASIC、CPU+ASIC 及 CPU+FPGA。从发展趋势来看，定制批量生产的低功耗、低成本的专用自动驾驶 AI 芯片（ASIC）将逐渐取代高功耗的 GPU，CPU+ASIC 方案将是未来主流架构，见表 1-3-3。

表 1-3-3 自动驾驶 SoC 主流架构

架构方案	代表厂商	具体实现	未来发展方向
CPU+GPU+ASIC	英伟达、特斯拉、高通	英伟达 Xavier：CPU+GPU+DLA+PVA 特斯拉 FSD：CPU+GPU+2*NPU	在自动驾驶算法尚未成熟之前仍是主流架构
CPU+ASIC	Mobileye、华为、地平线	Mobileye EyeQ5:CPU+CVP+DLA+MA 地平线：自研 ASIC 芯片 BPU	自动驾驶算法成熟后，定制批量生产的低功耗、低成本的专用自动驾驶 AI 芯片（ASIC）将逐渐取代高功耗 GPU
GPU+FPGA	百度 - 赛灵思、Waymo	Waymo 采用英特尔 Xeon12 核以上 CPU，搭配 Altera 的 Arria 系列 FGPA	FGPA 适合做算法的开发测试，在大规模量产方面不具备成本优势

拓展阅读

MDC：赋能自动驾驶产业的汽车大脑

华为 MDC 智能驾驶计算平台是智能汽车的“大脑”，性能强劲、功能丰富、质量可靠。平台搭载智能驾驶操作系统 AOS、VOS 及中间件 MDC Core，配套完善的工具链，通过“统一硬件架构，一套软件平台，系列化产品”的产品规划，得益于底层软 / 硬件根技术的深度协同，具备“高性能、高安全、高可靠、高能效、低时延”的技术优势，兼容 AUTOSAR，支持不同级别智能驾驶解决方案的平滑演进，是业界领先的“平台硬件 + 平台软件 + 工具链”的一站式专业智能驾驶计算平台。

一、专业平台，实现全场景覆盖

华为 MDC 基于创新架构的设计，集成的 NPU 与 CPU 单元高效协同。

NPU 单元针对传感器数据进行针对性优化处理，提升传感器数据的采集质量与整车感知能力，灵活适配 AI 模型的多种计算精度要求，强大的并行处理能力高效实时处理海量感知数据的融合；CPU 单元可进行多域部署，为基于规则算法的决策规划控制逻辑提供算力支撑；搭载的智能驾驶操作系统 AOS、VOS，具备车规级的安全隔离引擎、内核与运行环境，调度时延低于 10μs。通过底层软硬件根技术的深度优化，平台级时延低于 40ms。

华为 MDC 算力范围覆盖高、中、低阶智能驾驶的应用所需，同级别算力业界领先，可实现乘用车、商专车、RoboTaxi 等不同级别智能驾驶的全场景覆盖，满足高 / 中 / 低端车型的灵活配置选择，车企及合作伙伴可基于华为 MDC 系列化产品，实现高、中、低阶智能驾驶解决方案的快速开发与规模量产。

二、工程实力，助力高质量量产

作为智能汽车“大脑”，质量稳定可靠是基本要求。华为 MDC 实现了硬件工程、软件工程、安全工程的全方位突破：硬件工程方面，达到 IP6K7 防护等级、防凝露及 EMC Class 3 标准，不惧恶劣工况挑战，独立的 MCU 安全岛设计，实现最小安全系统；软件工程方面，配套低时延的操作系统 AOS、VOS 及中间件 MDC Core，独有的 R-Lock 高安全冗余架构，支持 Fail-Operational 的安全要求；安全工程方面，AOS、VOS 达到 CC EAL 网络安全要求、MDC Core 达到 ASPICE 软件成熟度要求、工具链达到 TCL 置信度要求。通过硬件、软件、安全等卓越工程能力，支持系统级 ASIL D 功能安全等级。

同时，为进一步提升量产质量，华为自建车规级 GCTC 实验室，华为 MDC 系列化产品均经过了 200+ 项硬件与 1000+ 项软件的严苛测试，并经过多个车企客户完整的 DVPV 测试及实车夏测冬测，满足并超越车规级的量产质量要求。

三、开放平台，构建产业链生态

华为 MDC“平台 + 生态”战略，打造智能驾驶产业的“黑土地”，积极与产业链各参与方充分合作，强化产业链协同效应，构建完整的智能驾驶解决方案，快速推动智能驾驶规模化商用。围绕华为 MDC，构建传感器、执行器与应用算法生态圈，通过硬件接口标准化、软件应用生态化，实现软件可升级、硬件可更换。在硬件接口上，支持传感器、执行器主流的标准协议，如 GMSL、CAN、CAN-FD、GPIO、100M/1000M Base-T1 车载以太网等；在软件接口上，中间件 MDC Core 通过 API 的方式向上层智能驾驶应用提供包括 AI 算子、AI 框架、功能安全、网络安全、OTA 升级、AUTOSAR 等 100 多种服务，其中结合 NPU 单元底层调优的部分主流算子、主流网络模型的性能较业界通用算子或模型提升 10~20 倍。配套的工具链，覆盖上层应用的开发、调测、部署、运营等全生命周期阶段，方便上层应用算法伙伴基于华为 MDC 开发智能驾驶解决方案。

智能驾驶作为一个全新的产业，华为 MDC 主张“平台化标准化”的发展战略。作为智能驾驶的平台底座，华为 MDC 系列化产品，配套平台软件（操作系统与中间件）及完善易用的工具链，满足不同场景、不同级别的智能驾驶应用所需。华为 MDC 始终坚持平台 + 生态的战略，与产业链上下游生态伙伴广泛合作，共同为客户提供差异化的智能驾驶解决方案，推动智能驾驶产业的规模化量产落地。

任务分组

学生任务分配表

班级		组号		指导老师	
组长		学号			
组员角色分配					
信息员		学号			
操作员		学号			
记录员		学号			
安全员		学号			
任务分工					
（就组织讨论、工具准备、数据采集、数据记录、安全监督、成果展示等工作内容进行任务分工）					

工作计划

根据前面所了解的知识内容和小组内部讨论的结果，制定工作方案，落实各项工作负责人，如任务实施前的准备工作、实施中主要操作及协助支持工作、实施过程中相关要点及数据的记录工作等。

工作计划表

步骤	工作内容	负责人
1		
2		

（续）

步骤	工作内容	负责人
3		
4		
5		
6		
7		
8		

进行决策

1）各组派代表阐述资料查询结果。

2）各组就各自的查询结果进行交流，并分享技巧。

3）教师结合各组完成的情况进行点评，选出最佳方案。

任务实施

调研分析智能驾驶计算平台产业实训工单	
记录	完成情况
1）简述目前智能驾驶计算平台行业发展背景和发展现状。 __________ __________ __________	已完成□　未完成□
2）简述当前国内外主流计算平台厂商类型和各自产品。 __________ __________ __________	已完成□　未完成□
3）简述当前智能驾驶计算平台行业发展趋势。 __________ __________ __________	已完成□　未完成□

评价反馈

1）各组代表展示汇报 PPT，介绍任务的完成过程。

2）以小组为单位，对各组的操作过程与操作结果进行自评和互评，并将结果填入综合评价表中的小组评价部分。

3）教师对学生工作过程与工作结果进行评价，并将评价结果填入综合评价表中的教师评价部分。

综合评价表

<table>
<tr><td>班级</td><td></td><td>组别</td><td></td><td>姓名</td><td></td><td>学号</td><td></td></tr>
<tr><td colspan="2">实训任务</td><td colspan="6"></td></tr>
<tr><td colspan="2">评价项目</td><td colspan="4">评价标准</td><td>分值</td><td>得分</td></tr>
<tr><td rowspan="9">小组评价</td><td>计划决策</td><td colspan="4">制定的工作方案合理可行，小组成员分工明确</td><td>10</td><td></td></tr>
<tr><td rowspan="3">任务实施</td><td colspan="4">能简要概述目前智能驾驶计算平台行业发展背景和发展现状</td><td>20</td><td></td></tr>
<tr><td colspan="4">能简要概述当前国内外主流计算平台厂商类型和各自产品</td><td>20</td><td></td></tr>
<tr><td colspan="4">能简要概述当前智能驾驶计算平台行业发展趋势</td><td>20</td><td></td></tr>
<tr><td>任务达成</td><td colspan="4">能按照工作方案操作，按计划完成工作任务</td><td>10</td><td></td></tr>
<tr><td>工作态度</td><td colspan="4">认真严谨、积极主动</td><td>10</td><td></td></tr>
<tr><td>团队合作</td><td colspan="4">小组组员积极配合、主动交流、协调工作</td><td>5</td><td></td></tr>
<tr><td>6S 管理</td><td colspan="4">将鼠标、键盘、桌椅进行归位</td><td>5</td><td></td></tr>
<tr><td colspan="5">小计</td><td>100</td><td></td></tr>
<tr><td rowspan="7">教师评价</td><td>实训纪律</td><td colspan="4">不出现无故迟到、早退、旷课现象，不违反课堂纪律</td><td>10</td><td></td></tr>
<tr><td>方案实施</td><td colspan="4">严格按照工作方案完成任务实施</td><td>20</td><td></td></tr>
<tr><td>团队协作</td><td colspan="4">任务实施过程互相配合，协作度高</td><td>20</td><td></td></tr>
<tr><td>工作质量</td><td colspan="4">能准确完成任务实施的内容</td><td>20</td><td></td></tr>
<tr><td>工作规范</td><td colspan="4">操作规范，三不落地，无意外事故发生</td><td>10</td><td></td></tr>
<tr><td>汇报展示</td><td colspan="4">能准确表达、总结到位、改进措施可行</td><td>20</td><td></td></tr>
<tr><td colspan="5">小计</td><td>100</td><td></td></tr>
<tr><td>综合评分</td><td colspan="6">小组评价分 ×50%+ 教师评价分 ×50%</td><td></td></tr>
<tr><td colspan="8">总结与反思</td></tr>
</table>

（如：学习过程中遇到什么问题→如何解决的 / 解决不了的原因→心得体会）

能力模块二
掌握智能驾驶计算平台环境部署的方法

任务一　完成 Linux 环境配置

学习目标

- 了解 Linux 系统的特点。
- 掌握 Linux 系统的文件结构。
- 具备 Linux 命令行的读写能力。
- 掌握 Linux 系统的基础操作、目录操作和文件操作命令。
- 具备配置 Linux 环境的能力。在实践中养成勤于动手的职业习惯。

知识索引

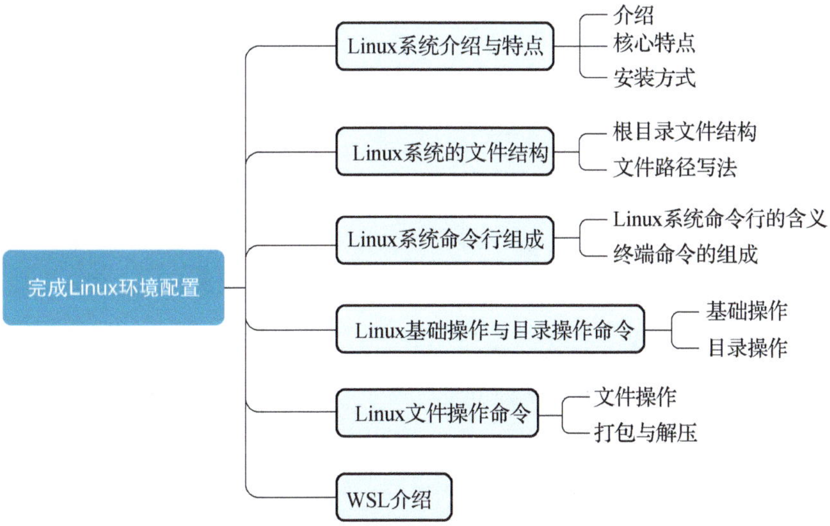

情境导入

某公司正在招聘汽车开发工程师，你通过努力成功面试入职，公司给你安排了工位和新计算机，部门主管要求你自己部署适用于 Windows 的 Linux 系统作为开发环境。

获取信息

引导问题 1

请查阅相关资料，简述 Linux 系统的核心特点。

____

____

____

Linux 系统介绍与特点

一、介绍

Linux 操作系统是一个开放源代码的免费操作系统。其内核由林纳斯·托瓦兹于 1991 年 10 月 5 日首次发布，是一个基于 POSIX 的多用户、多任务、支持多线程和多 CPU 的操作系统。它能运行主要的 Unix 工具软件、应用程序和网络协议，是一个性能稳定的多用户网络操作系统。

二、核心特点

Linux 的核心特点有两点：

第一，一切都是文件，即系统中的所有内容都归结为一个文件，包括命令、硬件、软件设备、操作系统、进程等。

第二，每个软件都有确定的用途。对于操作系统内核而言，都被视为拥有各自特性或类型的文件。

三、安装方式

安装文件可通过 Linux 官网获取。

引导问题 2

请查阅相关资料，写出 5 个 Linux 的典型目录名及其功能。

____

____

____

Linux 系统的文件结构

一、根目录文件结构

登录系统后，在当前命令窗口下输入命令：ls，即可调出 Linux 文件结构，如图 2-1-1、图 2-1-2 所示。Linux 根目录功能见表 2-1-1。

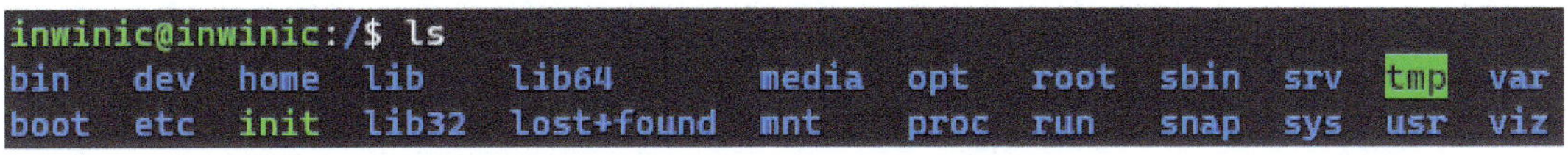

图 2-1-1　Linux 根目录下的文件结构

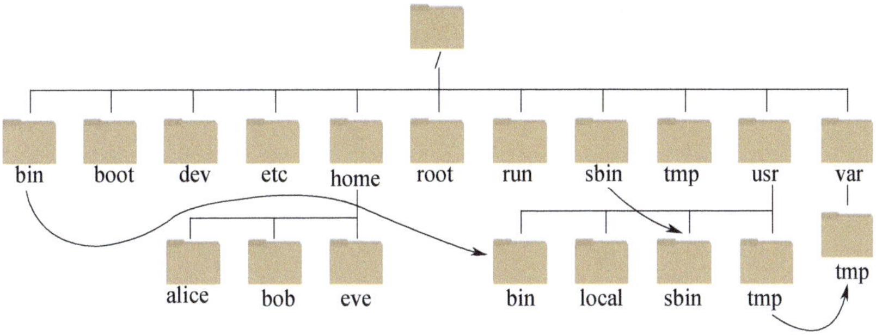

图 2-1-2　Linux 根目录结构示意图

表 2-1-1　Linux 根目录功能

目录名	功能 / 作用
/	根目录（文件夹），文件系统树（数据结构）的根
/bin	bin 是 Binaries（二进制文件）的缩写，这个目录存放着经常使用的命令
/boot	系统启动分区，这里存放的是启动 Linux 时使用的一些核心文件，包括一些连接文件以及镜像文件
/dev	dev 是 Device（设备）的缩写，该目录下存放的是 Linux 的外部设备，在 Linux 中访问设备的方式和访问文件的方式是相同的
/etc	etc 是 Etcetera（等等）的缩写，这个目录用来存放所有的系统管理所需要的配置文件和子目录
/home	用户的主目录，在 Linux 中，每个用户都有一个自己的目录，一般该目录名是以用户的账号命名的，如图 2-1-2 中的 alice、bob 和 eve
/lib	lib 是 Library（库）的缩写，这个目录里存放着系统最基本的动态连接共享库，其作用类似于 Windows 里的 DLL 文件。几乎所有的应用程序都需要用到这些共享库
/lost+found	这个目录一般情况下是空的，当系统非法关机后，这里就存放了一些文件
/media	Linux 系统会自动识别一些设备，例如 U 盘、光驱等，当识别后，Linux 会把识别的设备挂载到这个目录下
/mnt	系统提供该目录是为了让用户临时挂载别的文件系统，我们可以将光驱挂载在 /mnt/ 上，然后进入该目录就可以查看光驱里的内容了

（续）

目录名	功能 / 作用
/opt	opt 是 Optional（可选）的缩写，这是给主机额外安装软件所设置的目录。比如你安装一个 ORACLE 数据库，就可以放到这个目录下。默认是空的
/proc	proc 是 Processes（进程）的缩写，/proc 是一种伪文件系统（即虚拟文件系统），存储的是当前内核运行状态的一系列特殊文件。这个目录是一个虚拟的目录，它是系统内存的映射，我们可以通过直接访问这个目录来获取系统信息
/root	该目录为系统管理员，也称作超级权限者的用户主目录
/sbin	s 就是 Super User 的意思，是 Superuser Binaries（超级用户的二进制文件）的缩写，这里存放的是系统管理员使用的系统管理程序
/srv	该目录存放一些服务启动之后需要提取的数据
/sys	这是 Linux2.6 内核一个很大的变化。该目录下安装了 2.6 内核中新出现的一个文件系统 sysfs 。sysfs 文件系统集成了下面 3 种文件系统的信息：针对进程信息的 proc 文件系统、针对设备的 devfs 文件系统以及针对伪终端的 devpts 文件系统。该文件系统是内核设备树的一个直观反映。当一个内核对象被创建的时候，对应的文件和目录也在内核对象子系统中被创建
/tmp	tmp 是 Temporary（临时）的缩写，这个目录是用来存放一些临时文件的
/usr	usr 是 Unix shared resources（共享资源）的缩写，这是一个非常重要的目录，用户的很多应用程序和文件都放在这个目录下，类似于 windows 下的 program files 目录
/usr/bin	系统用户使用的应用程序
/usr/sbin	超级用户使用的比较高级的管理程序和系统守护程序
/usr/src	内核源代码默认的放置目录
/var	var 是 Variable（变量）的缩写，这个目录中存放着不断扩充的内容，我们习惯将那些经常被修改的目录放在这个目录下。包括各种日志文件
/run	是一个临时文件系统，存储系统启动以来的信息。当系统重启时，这个目录下的文件应该被删掉或清除。如果你的系统上有 /var/run 目录，应该让它指向 run

特别需要注意的是，以下目录非常重要，不可误删或随意更改内部文件。

/etc：系统中的配置文件，如果更改了该目录下的某个文件，可能会导致系统不能启动。

/bin、/sbin、/usr/bin、/usr/sbin: 系统预设的执行文件的放置目录，比如 ls 就是在 /bin/ls 目录下的。

/bin、/usr/bin 是给系统用户使用的指令（除 root 外的通用用户），而 /sbin、/usr/sbin 则是给 root 使用的指令。

/var：这是一个非常重要的目录，系统上运行了很多程序，每个程序都会有相应的日志产生，而这些日志就被记录到这个目录下，具体在 /var/log 目录下，另外 mail 的预设值也是在这里。

二、文件路径写法

绝对路径：写法一定要从根目录“/”开始。例如：/usr/local/mysql。

相对路径：这是相对于当前所在目录而言，例如：当前所在目录为 usr，那么想进入 usr 下的 local 目录只需要执行 cd local 命令即可。

在 Linux 中，有几个特殊的符号也可以表示目录。

“/”：表示根目录。

“.”：表示当前目录，用在相对路径中，一般情况下会省略。

“..”：表示当前目录的上一级目录，用在相对路径中，比如 cd ..。

“~”：表示 /root 目录。

引导问题 3

请查阅相关资料，简述 Linux 的命令行组成及其含义。

____

____

____

Linux 系统命令行组成

一、Linux 系统命令行的含义

当我们打开终端时，不论是在图形界面还是在字符界面，看到的格式都是类似于 [root@localhost ~]# 这种格式的一串字符，这串字符就是命令提示符，如图 2-1-3 所示。

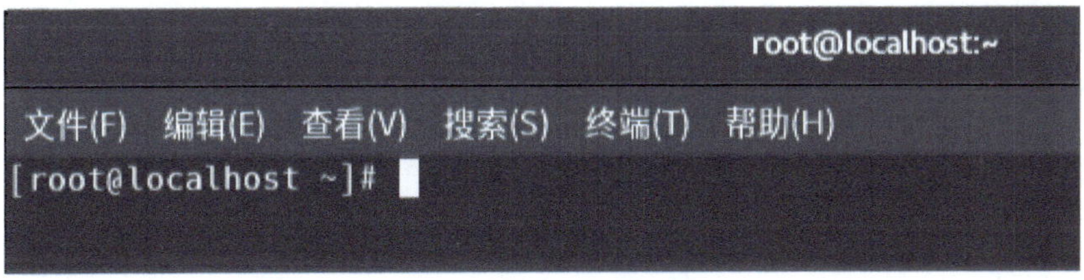

图 2-1-3 命令提示符示例

root：当前用户的名称，root 一般为超级用户。

@：分隔符。@ 之前是当前登录的用户。

localhost：当前主机的名称。

~：用户当前所在目录名称，默认用户目录为 ~，会随着目录切换而变化，例如：root@localhost:/bin#，即当前位置在 bin 目录下。

#：表示当前用户是超级用户，普通用户为 $。

二、终端命令的组成

终端命令遵循非常相似且可预测的结构：

```
program_name [--optional flags] [optional arguments]
```

即：命令名 + 选项 + 操作对象这三部分。

命令名：相应功能的英文单词或单词的缩写。

选项：可以用来对命令进行控制，也可以省略，选项不同，命令的结果不同。

操作对象：即需要执行该命令的对象，可以是一个或多个。

如终端命令：rm –f a.txt。

该命令操作为：在当前目录下强制删除名称为 a 的 txt 文件。

rm 为删除文件或目录的命令，参数名为 –f 表示强制删除，a.txt 为文件名。

引导问题 4

请查阅相关资料，分别写出三个 Linux 的基础操作命令与目录操作命令。

____

____

____

Linux 基础操作与目录操作命令

一、基础操作

1. 重启系统

（1）立刻重启

shutdown –r now 或者 reboot。

（2）两分钟后重启

shutdown –r 2。

2. 关闭系统

（1）立刻关机

shutdown –h now 或者 poweroff。

（2）两分钟后关机

shutdown –h 2。

3. 帮助命令（help）

help 命令是用来显示帮助信息的，它是一个 Bash 内建命令，用来显示 Bash 内建命令的帮助信息，所以这个命令是我们必须要掌握的。

ifconfig --help // 查看 ifconfig 命令的用法。

4. 命令说明书（man）

man 指令是 Linux 下的帮助指令，通过 man 指令可以查看 Linux 中的指令帮助、配置文件帮助和编程帮助等信息。

man shutdown // 打开命令说明后，可按“q”键退出。

5. 切换用户（su）

su wang // 切换为用户“wang”，输入后回车需要输入该用户的密码。

exit // 退出当前用户。

二、目录操作

1. 切换目录（cd）

cd 指令用来切换工作目录至 dirname。其中 dirname 表示法可为绝对路径或相对路径。若目录名称省略，则变换至使用者的 home directory（也就是注册时所在的目录）。

cd / ：切换到根目录。

cd / bin ：切换到根目录下的 bin 目录。

cd ../ ：切换到上一级目录 或者使用命令：cd ..。

cd ~ ：切换到 home 目录。

cd - ：切换到上次访问的目录。

cd xx（文件夹名）：切换到本目录下的名为 xx 的文件目录，如果目录不存在报错。

cd /xxx/xx/x ：可以输入完整的路径，直接切换到目标目录，输入过程中可以使用 tab 键快速补全。

2. 查看目录（ls）

ls：查看当前目录下的所有目录和文件。

ls-a ：查看当前目录下的所有目录和文件（包括隐藏的文件）。

ls-l ：列表查看当前目录下的所有目录和文件（列表查看，显示更多信息），与命令“ll”效果一样。

ls/bin ：查看指定目录下的所有目录和文件。

3. 创建目录（mkdir）

mkdir 创建由 dirname 命名的目录。如果在目录名的前面没有加任何路径名，则在当前目录下创建由 dirname 指定的目录；如果给出一个已经存在的路径，将会在该目录下创建一个指定的目录。在创建目录时，应保证新建的目录与它所在目录下的文件没有重名。

注意：在创建文件时，不要把所有的文件都存放在主目录中，可以创建子目录，通过它们来更有效地组织文件。最好采用前后一致的命名来区分文件和目录。

mkdir tools ：在当前目录下创建一个名为 tools 的目录。

mkdir /bin/tools ：在指定目录下创建一个名为 tools 的目录。

mkdir-p /home/tools：建立多级目录使用 -p 参数。

4. 删除目录与文件（rm）

rm 文件名 ：删除当前目录下的文件。

rm-f 文件名 ：删除当前目录的文件（不询问）。

rm-r 文件夹名 ：递归删除当前目录下此名的目录。

rm-rf 文件夹名 ：递归删除当前目录下此名的目录（不询问）。

rm-rf * ：将当前目录下的所有目录和文件全部删除。

rm-rf /* ：将根目录下的所有文件全部删除【慎用！相当于格式化系统】。

5. 修改目录（mv）

mv 命令用来对文件或目录重新命名，或者将文件从一个目录移到另一个目录中。source 表示源文件或目录，target 表示目标文件或目录。如果将一个文件移到一个已经存在的目标文件中，则目标文件的内容将被覆盖。

mv 指令可以用来将源文件移至一个目标文件中，或将一组文件移至一个目标目录中。

mv 当前目录名 新目录名：修改目录名，同样适用于文件操作。

mv /usr/tmp/tool /opt：将 /usr/tmp 目录下的 tool 目录剪切到 /opt 目录下面。

mv -r /usr/tmp/tool /opt：递归剪切目录中所有文件和文件夹。

6. 复制目录（cp）

cp 指令用来将一个或多个源文件或者目录复制到指定的目标文件或目录。它可以将单个源文件复制成一个指定文件名的具体文件或一个已经存在的目录下。cp 指令还支持同时复制多个文件，当一次复制多个文件时，目标文件参数必须是一个已经存在的目录，否则将出现错误。

cp /usr/tmp/tool /opt：将 /usr/tmp 目录下的 tool 目录复制到 /opt 目录下面。

cp -r /usr/tmp/tool /opt：递归复制目录中所有文件和文件夹。

7. 搜索目录（find）

find /bin -name 'a*'：查找 /bin 目录下的所有以 a 开头的文件或者目录。

8. 查看当前目录（pwd）

pwd 指令以绝对路径的方式显示用户当前工作目录。该指令将当前目录的全路径名称（从根目录）写入标准输出。全部目录使用“/”分隔。第一个“/”表示根目录，最后一个目录是当前目录。执行 pwd 指令可立刻得知目前所在的工作目录的绝对路径名称。

1）绝对路径：从根目录开始，如 /etc/root/wang.txt。

2）相对路径：从当前位置开始，如现在的位置为 /etc 目录中，要进入 root 目录，执行 cd /etc/root。

3）用户主目录：在这个目录下，当前用户的权限是最大化的，如 /home/ 登录名。

引导问题 5

请查阅相关资料，列举三条 Linux 文件操作的命令。

____

____

____

Linux 文件操作命令

一、文件操作

1. 新增文件（touch）

touch 指令有两个功能：一是用于把已存在文件的时间标签更新为系统当前的时间（默认方式），它们的数据将原封不动地保留下来；二是用来创建新的空文件。

touch a.txt：在当前目录下创建名为 a 的 txt 文件（文件不存在），如果文件存在，将文件时间属性修改为当前系统时间。

2. 删除文件（rm）

rm 指令可以删除一个目录中的一个或多个文件或目录，也可以将某个目录及其下属的所有文件及其子目录均删除掉。对于链接文件，只是删除整个链接文件，而原有文件保持不变。

使用 rm 指令要格外小心。因为一旦删除了一个文件，就无法再恢复它。所以在删除文件之前，最好再看一下文件的内容，确定是否真要删除。

rm 文件名：删除当前目录下的文件。

rm –f 文件名：删除当前目录的文件（不询问）。

rm –r 文件名：删除已有文件或目录前先询问用户。

3. 编辑文件（vi、vim）

vi 文件名：打开需要编辑的文件。

进入后，操作界面有三种模式：命令模式（command mode）、插入模式（insert mode）和底行模式（last line mode）。

（1）命令模式

刚进入文件就是命令模式，通过方向键控制光标位置。

使用命令“dd”删除当前整行。

使用命令“/ 字段”进行查找。

按“i”在光标所在字符前开始插入。

按“a”在光标所在字符后开始插入。

按“o”在光标所在行的下面另起一新行插入。

按“：”进入底行模式。

（2）插入模式

此时可以对文件内容进行编辑，左下角会显示 “-- 插入 --”，按“ESC”进入底行模式。

（3）底行模式

退出编辑：:q。

强制退出：:q!。

保存并退出：:wq。

4. 查看文件（cat、less、more、tail）

cat a.txt：查看文件最后一屏内容。

less a.txt：PgUp 向上翻页，PgDn 向下翻页，“q”退出查看。

more a.txt：显示百分比，回车查看下一行，空格查看下一页，“q”退出查看。

tail –100 a.txt：查看文件的后 100 行，“Ctrl+C”退出查看。

二、打包与解压

1. 说明

.zip 与 .rar：Windows 系统中压缩文件的扩展名。

.tar：Linux 中打包文件的扩展名。

.gz：Linux 中压缩文件的扩展名。

.tar.gz：Linux 中打包并压缩文件的扩展名。

2. 打包文件

tar –zcvf：打包压缩后的文件名，要打包的文件。

参数说明：

z：调用 gzip 压缩命令进行压缩。

c：打包文件。

v：显示运行过程。

f：指定文件名。

示例：

tar –zcvf a.tar file1 file2,...：多个文件压缩打包后，文件名为 a.tar。

3. 解压文件

tar –zxvf a.tar：解包至当前目录。

tar –zxvf a.tar –C /usr------：指定解压的位置。

unzip test.zip：解压 *.zip 文件。

unzip –l test.zip：查看 *.zip 文件的内容。

引导问题 6

请查阅相关资料，简述使用 WSL 安装 Linux 系统的优势。

____

____

____

WSL 介绍

Windows Subsystem for Linux（WSL）是一个在 Windows 10/11 上运行原生 Linux 二进制可执行文件（ELF 格式）的兼容层。它由微软与 Canonical 公司合作开发，其目标是使纯正的 Ubuntu、Debian 等映像能下载和解压到用户的本地计算机，并且映像内的工具和实用工具能在此子系统上原生运行。

适用于 Linux 的 Windows 子系统可让开发人员按原样运行 GNU/Linux 环境，包括大多数命令行工具、实用工具和应用程序（且不会产生传统虚拟机或双启动设置开销）。

如果使用 Windows 10 2004 以上，可以通过 WSL 2 来窗口化运行桌面应用，也不需要另外安装其他的服务器。

职业认证

智能计算平台应用开发职业技能等级要求（初级）中的软件安装就涉及要求能够运用操作系统（如 Windows、Linux）的安装工具，独立完成智能计算平台的操作系统安装，通过智能计算平台应用开发职业技能等级（初级）考核可获得教育部 1+X 证书中的《智能计算平台应用开发职业技能等级证书（初级）》。

任务分组

学生任务分配表

班级		组号		指导老师	
组长		学号			
组员角色分配					
信息员		学号			
操作员		学号			
记录员		学号			
安全员		学号			
任务分工					

（就组织讨论、工具准备、数据采集、数据记录、安全监督、成果展示等工作内容进行任务分工）

工作计划

根据前面所了解的知识内容和小组内部讨论的结果，制定工作方案，落实各项工作负责人，如任务实施前的准备工作、实施中主要操作及协助支持工作、实施过程中相关要点及数据的记录工作等。

工作计划表

步骤	工作内容	负责人
1		
2		
3		
4		
5		
6		
7		
8		

进行决策

1）各组派代表阐述资料查询结果。

2）各组就各自的查询结果进行交流，并分享技巧。

3）教师结合各组完成的情况进行点评，选出最佳方案。

任务实施

扫描右侧二维码，了解 WSL 环境安装实训演示。

参考操作视频，按照规范作业要求完成 WSL 环境安装实训，并填写完成工单。

WSL 环境配置

WSL 环境安装和 Linux 基础命令实训工单	
记录	完成情况
一、WSL 环境安装	
1. 下载 WSL。打开系统应用商店 Microsoft Store，搜索 WSL，下载 Ubuntu18.04	已完成□　未完成□
2.MDC 镜像导入	已完成□　未完成□
打开“启用或关闭 Windows 功能”面板	
勾选“适用于 Linux 的 Windows 子系统”，重启计算机	
在存放 Ubuntu 镜像的磁盘，新建一个命名为 wsl 的空文件夹	
以管理员身份打开 Windows 终端 Windows PowerShell	
导入镜像	
设置初始用户名	
验证 Ubuntu18.04 是否安装成功	
二、Linux 基础命令操作	
1. 命令行重启 Linux 操作系统	已完成□　未完成□
2. 查看当前工作目录	已完成□　未完成□
3. 最快返回到当前账户的宿主目录	已完成□　未完成□
4. 一次性创建 text/1/2/3/4	已完成□　未完成□
5. 查看 /etc 下的所有文件，并以人性化的长格式显示并区分是什么文件	已完成□　未完成□
6. 把 /etc 复制到 /tmp 下并保持原属性不变	已完成□　未完成□
7. 通过 Vim 编辑打开 /tmp/test.conf	已完成□　未完成□

评价反馈

1）各组代表展示汇报 PPT，介绍任务的完成过程。

2）以小组为单位，对各组的操作过程与操作结果进行自评和互评，并将结果填入综合评价表中的小组评价部分。

3）教师对学生工作过程与工作结果进行评价，并将评价结果填入综合评价表中的教师评价部分。

综合评价表

<table>
<tr><td>班级</td><td></td><td>组别</td><td></td><td>姓名</td><td></td><td>学号</td><td></td></tr>
<tr><td colspan="2">实训任务</td><td colspan="6"></td></tr>
<tr><td colspan="2">评价项目</td><td colspan="4">评价标准</td><td>分值</td><td>得分</td></tr>
<tr><td rowspan="8">小组评价</td><td>计划决策</td><td colspan="4">制定的工作方案合理可行，小组成员分工明确</td><td>10</td><td></td></tr>
<tr><td rowspan="2">任务实施</td><td colspan="4">能够完成 WSL 环境安装</td><td>20</td><td></td></tr>
<tr><td colspan="4">能够完成 Linux 基础命令操作</td><td>40</td><td></td></tr>
<tr><td>任务达成</td><td colspan="4">能按照工作方案操作，按计划完成工作任务</td><td>10</td><td></td></tr>
<tr><td>工作态度</td><td colspan="4">认真严谨、积极主动</td><td>10</td><td></td></tr>
<tr><td>团队合作</td><td colspan="4">小组组员积极配合、主动交流、协调工作</td><td>5</td><td></td></tr>
<tr><td>6S 管理</td><td colspan="4">将鼠标、键盘、桌椅进行归位</td><td>5</td><td></td></tr>
<tr><td colspan="5">小计</td><td>100</td><td></td></tr>
<tr><td rowspan="7">教师评价</td><td>实训纪律</td><td colspan="4">不出现无故迟到、早退、旷课现象，不违反课堂纪律</td><td>10</td><td></td></tr>
<tr><td>方案实施</td><td colspan="4">严格按照工作方案完成任务实施</td><td>20</td><td></td></tr>
<tr><td>团队协作</td><td colspan="4">任务实施过程互相配合，协作度高</td><td>20</td><td></td></tr>
<tr><td>工作质量</td><td colspan="4">能准确完成任务实施的内容</td><td>20</td><td></td></tr>
<tr><td>工作规范</td><td colspan="4">操作规范，三不落地，无意外事故发生</td><td>10</td><td></td></tr>
<tr><td>汇报展示</td><td colspan="4">能准确表达、总结到位、改进措施可行</td><td>20</td><td></td></tr>
<tr><td colspan="5">小计</td><td>100</td><td></td></tr>
<tr><td>综合评分</td><td colspan="6">小组评价分 ×50%+ 教师评价分 ×50%</td><td></td></tr>
<tr><td colspan="8">总结与反思</td></tr>
<tr><td colspan="8">（如：学习过程中遇到什么问题→如何解决的 / 解决不了的原因→心得体会）</td></tr>
</table>

任务二　完成智能驾驶计算平台环境部署

学习目标

- 了解车载智能驾驶计算平台工具链软件。
- 了解华为 MDC 五大工具链软件功能和基本页面。
- 具备华为 MDC 工具链组网、环境搭建的能力，养成勤于实践的职业习惯。

知识索引

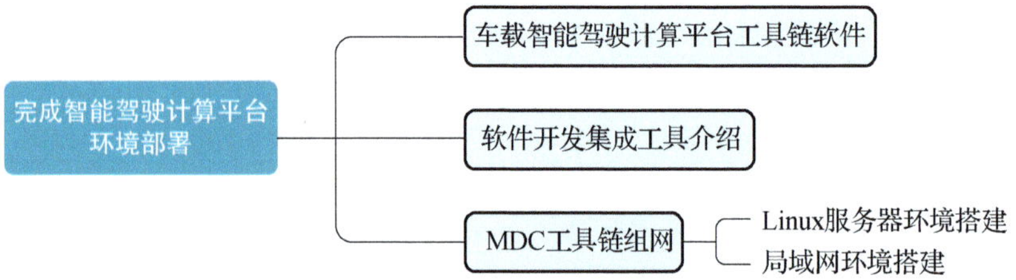

情境导入

某传统汽车企业决定进军智能驾驶领域，希望给汽车加装车载计算平台。经过行业分析、需求分析、产品比较后选择了华为 MDC 300F。你作为该公司的软件工程师，请你为公司其他同事介绍 MDC 300F 的软件部署方案并进行功能演示。

获取信息

引导问题 1

请查阅相关资料，简述 MDC 的工具链软件有哪些？分别具有什么功能？

车载智能驾驶计算平台工具链软件

车载智能计算基础平台的研发需要对产品进行整体迭代，而不只是针对单一的模块，或者其中几个功能。为此，车载智能计算基础平台通常会包含开发、集成、仿真、调试、测试等工具链以提升开发效率。

本教材以华为技术有限公司研发的 MDC 300F 智能驾驶计算平台为例，介绍车载智能驾驶计算平台。

华为 MDC 智能驾驶计算平台搭载智能驾驶操作系统 AOS、VOS 及中间件 MDC Core，配套完善的工具链，兼容 AUTOSAR，支持不同级别智能驾驶解决方案，是国内领先的“平台硬件 + 平台软件 + 工具链”的一站式专业智能驾驶计算平台。

华为 MDC 平台包含五大工具链软件，以满足软件开发集成、调测、标定、路测仿真及故障诊断等汽车研发功能需要，如图 2-2-1 所示。

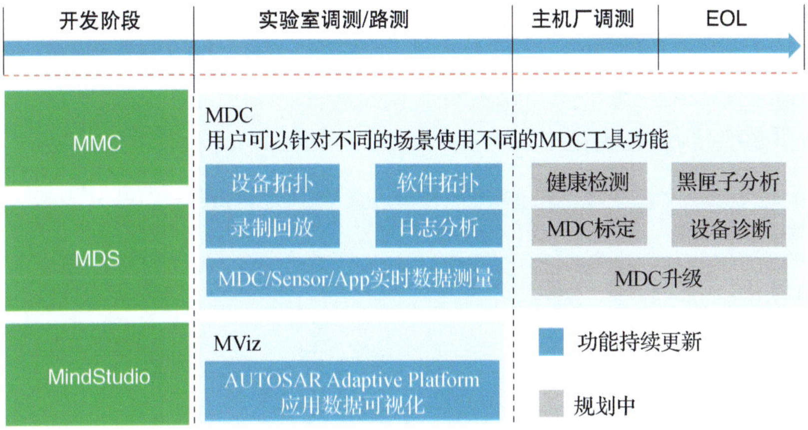

图 2-2-1　MDC 工具链作用阶段

1）MDC Application Visualizer（MDC 调测工具，简称 MViz）：基于 AUTOSAR 的可视化调测工具，提供智能驾驶应用常用数据和用户自定义数据的 2D/3D 可视化显示功能，如图 2-2-2 所示。MViz 软件页面说明见表 2-2-1。

图 2-2-2　MViz 软件界面图

表 2-2-1 MViz 软件页面说明

图标序号	说明
1	菜单栏
2	Panel 插件区
3	Tool 插件栏
4	Display 插件区
5	数据 3D 可视化显示区
6	车及道路信息显示区
7	视频可视化窗口

2）MindStudio（AI 工具）：支持 AI 算子开发、调试调优、仿真及运行，提供离线模型转化与自定义算子开发功能。

3）MDC Manifest Configurator（MDC 配置工具，简称 MMC）：基于 AUTOSAR 规范的 ARXML 配置工具，提供模块化配置、模型关系图形化、拖拽式配置、配置项校验等功能，如图 2-2-3 所示。

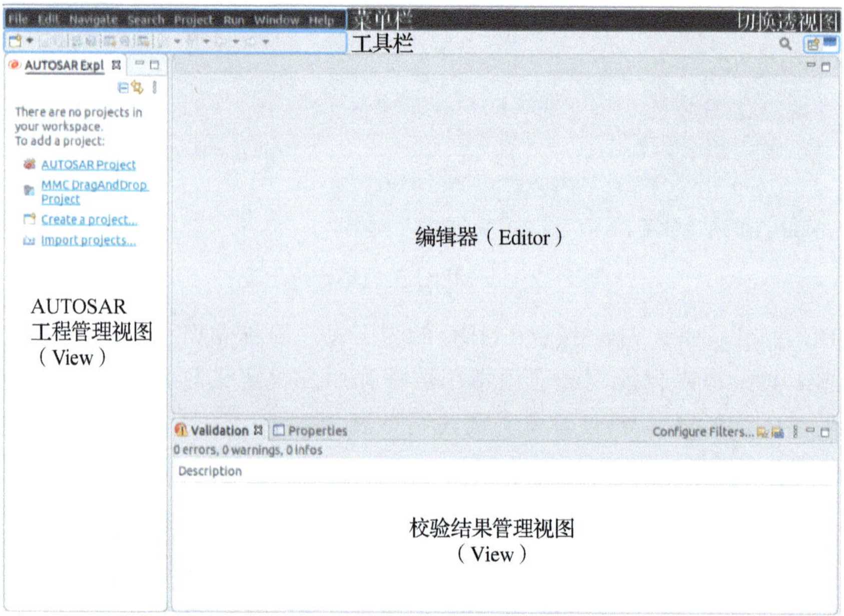

图 2-2-3 MMC 软件界面图

4）MDC Development Studio（MDC 集成开发环境，简称 MDS）：集成开发环境，提供工程管理、代码自动生成、编辑编译、调试运行、远程部署、UT 管理、性能分析、平台软件管理等功能，如图 2-2-4 所示。

5）Measure Calibration Diagnosis Tool（测量标定诊断调测工具，简称 MCD）：基于 AUTOSAR 的诊断调测工具，提供视频回放、故障诊断、关键指标测量、软硬件拓扑展示、License 管理、版本升级等功能，如图 2-2-5 所示。

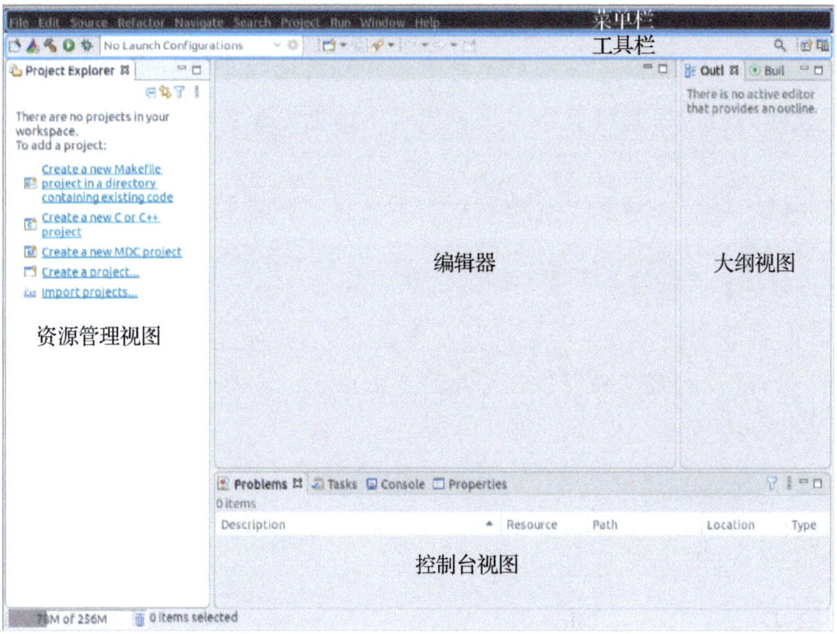

图 2-2-4 MDS 软件界面图

图 2-2-5 MCD 软件界面图

用户通过在本地安装版本适配的工具链软件，通过 LAN SWITCH 与 MDC 互连，可在 MDC 平台上进行 AP 应用的开发和可视化调测。

引导问题 2

请查阅相关资料，简述软件开发集成工具的功能。

软件开发集成工具介绍

集成工具链软件可完成软件源码工程管理、软件编译链接和发布。可管理包括第三方工具生成代码、遗留系统代码、手写代码、第三方库、AI 相关库、基础平台库等文件。

开发工具链软件可实现多个资源和层次的连接，有效管理所有数据。此外，可视化开发工具还提供了功能丰富的可视化组件库，便于开发人员进行组件集合，提升设计对象的可扩展性和可维护性。

MDC 300F 智能驾驶计算平台软件开发集成工具主要包括 MDC Development Studio（简称 MDS），以及配置文件开发工具 MDC Manifest Configurator（简称 MMC）和 AI 集成开发工具 MindStudio，如图 2-2-6 所示。

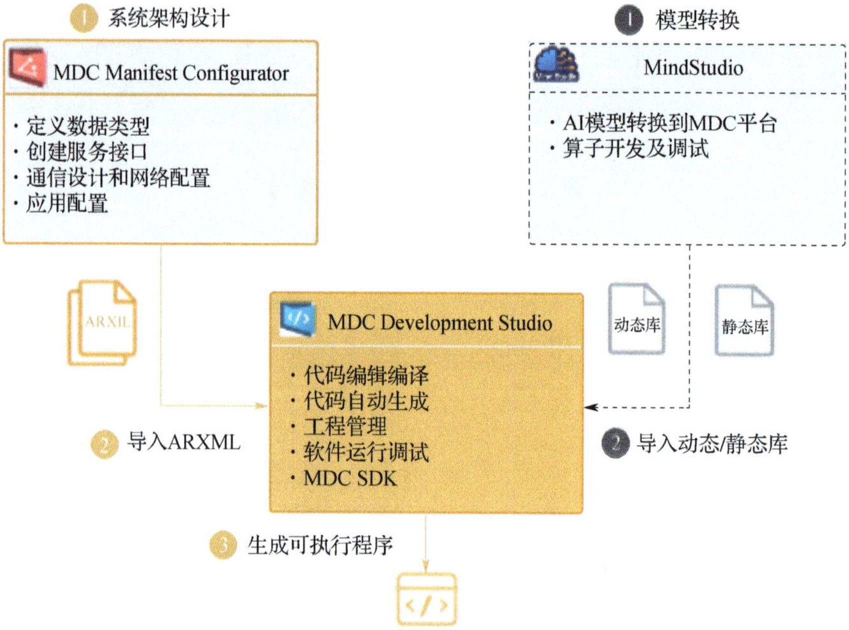

图 2-2-6　MDC 平台工具链工作流程

引导问题 3

请查阅相关资料，简述 MDC 工具链组网的构成。

____

____

____

MDC 工具链组网

使用 MDC 工具链进行开发时，各个工具之间需要进行图 2-2-7 所示的组网。

一、Linux 服务器环境搭建

准备一台 Linux 服务器，在服务器上可以部署 MindStudio 的服务端，以及安装 MDC 的交叉编译环境。交叉编译指的是在一个平台上生成另一个平台的可执行代码。

以下为搭建交叉编译环境步骤：

1）复制“MDC300_Ubuntu_Crossbuild_Devkit-*.*.*.*.tar.gz”软件包至开发环境中（命令中“*.*.*.*.”随版本更新）。

2）在“MDC300_Ubuntu_Crossbuild_Devkit-*.*.*.*.tar.gz”所在的文件目录下依次执行如下命令解压并安装交叉编译器。

①执行如下命令解压交叉编译器软件包。

```
sudo tar -zxf MDC300_Ubuntu_Crossbuild_Devkit-*.*.*.*.tar.gz
```

②执行如下命令安装交叉编译器。

```
cd ubuntu_crossbuild_devkit && sudo bash install.sh all
```

二、局域网环境搭建

Ubuntu 开发环境与 MDC 单板连接在一个小的局域网内。这样使用 MDS 进行远程运行调试的时候就可以直接将应用部署到 MDC 单板上运行，如图 2-2-7 所示。

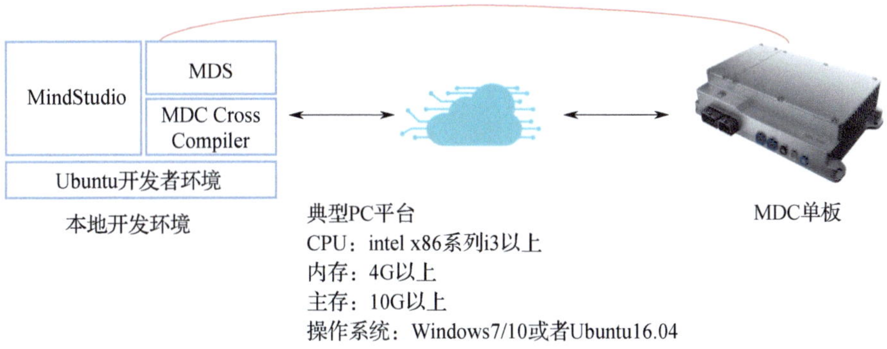

图 2-2-7　MDC 工具链组网

职业认证

智能计算平台应用开发职业技能等级要求（初级）中的平台管理就涉及要求能够运用系统运维管理文档的编写规范和技巧，协助高级技术支持人员梳理和完善智能计算平台系统的组网拓扑图、系统运维管理等相关文档。通过智能计算平台应用开发职业技能等级（初级）考核可获得教育部 1+X 证书中的《智能计算平台应用开发职业技能等级证书（初级）》。

任务分组

学生任务分配表

班级		组号		指导老师	
组长		学号			
组员角色分配					
信息员		学号			
操作员		学号			
记录员		学号			
安全员		学号			
任务分工					

（就组织讨论、工具准备、数据采集、数据记录、安全监督、成果展示等工作内容进行任务分工）

工作计划

根据前面所了解的知识内容和小组内部讨论的结果，制定工作方案，落实各项工作负责人，如任务实施前的准备工作、实施中主要操作及协助支持工作、实施过程中相关要点及数据的记录工作等。

工作计划表

步骤	工作内容	负责人
1		
2		

（续）

步骤	作业内容	负责人
3		
4		
5		
6		
7		
8		

进行决策

1）各组派代表阐述资料查询结果。

2）各组就各自的查询结果进行交流，并分享技巧。

3）教师结合各组完成的情况进行点评，选出最佳方案。

任务实施

扫描右侧二维码，了解搭建 MDC 软件环境实训演示。

搭建 MDC 软件环境

参考操作视频，按照规范作业要求完成搭建 MDC 软件环境实训，完成任务并记录。

MDC 软件环境搭建实训工单	
记录	完成情况
MDC 软件环境搭建	
一、交叉编译环境安装	已完成□　未完成□
1. 检查刚建立的 wsl 文件下是否有 rootfs、temp、fsserver 三个文件	
2. 打开 Ubuntu，查看当前工作目录所含文件及子目录	
3. 更新软件列表及索引	
4. 解压交叉编译软件包	
5. 安装交叉编译器	
二、MDC 工具链软件解压安装	已完成□　未完成□
依次解压 5 个工具链软件包	

（续）

MDC 软件环境搭建实训工单	
记录	完成情况
三、MDC 工具链软件测试	已完成□　未完成□
1. 运行 MViz	
2. 运行 MDS	
3. 运行 MCD Tool	
4. 运行 MindStudio	
5. 运行 MMC	

评价反馈

1）各组代表展示汇报 PPT，介绍任务的完成过程。

2）以小组为单位，对各组的操作过程与操作结果进行自评和互评，并将结果填入综合评价表中的小组评价部分。

3）教师对学生工作过程与工作结果进行评价，并将评价结果填入综合评价表中的教师评价部分。

综合评价表

班级		组别		姓名	学号	
实训任务						
评价项目		评价标准			分值	得分
小组评价	计划决策	制定的工作方案合理可行，小组成员分工明确			10	
	任务实施	能够正确检查并设置实训工位			10	
		能够完成 MDC 软件环境安装与测试			40	
		能够规范填写任务工单			10	
	任务达成	能按照工作方案操作，按计划完成工作任务			10	
	工作态度	认真严谨、积极主动，安全生产，文明施工			10	
	团队合作	小组组员积极配合、主动交流、协调工作			5	
	6S 管理	完成竣工检验、现场恢复			5	
	小计				100	
教师评价	实训纪律	无无故迟到、早退、旷课现象，不违反课堂纪律			10	
	方案实施	严格按照工作方案完成任务实施			20	
	团队协作	任务实施过程互相配合，协作度高			20	
	工作质量	能准确完成任务实施的内容			20	
	工作规范	操作规范，三不落地，无意外事故发生			10	
	汇报展示	能准确表达、总结到位、改进措施可行			20	
	小计				100	
综合评分	小组评价分 ×50%+ 教师评价分 ×50%					

（续）

总结与反思
（如：学习过程中遇到什么问题→如何解决的 / 解决不了的原因→心得体会）

能力模块三 掌握智能驾驶计算平台与线控底盘接入的方法

任务一 调研分析智能驾驶计算平台的组网结构

学习目标

- 认识 MDC 300F 硬件平台外观及接口。
- 了解 MDC 300F 硬件逻辑架构。
- 了解 MDC 300F 的 CAN 接口方案、以太接口方案、视频接口方案。
- 认识转接盒 MTB 300B。
- 掌握常用汽车总线技术的分类与功能，了解各总线技术的不同，培养积极探索的精神。

知识索引

- 调研分析智能驾驶计算平台的组网结构
  - 常用汽车总线技术
    - CAN与CAN FD
    - LIN
    - FlexRay
    - MOST
    - LVDS
    - 以太网
  - MDC 300F硬件平台外观及接口
  - MDC 300F硬件逻辑架构
    - 传感器连接
    - ECU和其他连接
  - MDC 300F CAN接口方案
  - MDC 300F以太接口方案
  - MDC 300F视频接口方案
  - 转接盒MTB 300接口拓扑

情境导入

某传统汽车企业决定进军智能驾驶领域，希望给汽车加装车载计算平台。经过行业分析、需求分析、产品比较后选择了华为 MDC 300F。你作为该公司的硬件工程师，请你为公司其他同事介绍 MDC 300F 的硬件部署方案。

获取信息

引导问题 1

请查阅相关资料，简述汽车总线技术的作用并举例三种常用汽车总线技术。

____

____

____

常用汽车总线技术

汽车总线技术是指汽车内部导线采用总线控制的一种技术。

随着电子技术的迅速发展和在汽车上的广泛应用，汽车电子化程度越来越高。从发动机控制系统到传动系统控制系统，从行驶、制动、转向控制系统到安全保证系统以及仪表报警系统渐渐形成了一个复杂的大系统。

目前，汽车上常用 CAN、LIN、FlexRay、MOST、以太网等总线技术。

一、CAN 与 CAN FD

CAN（Controller Area Network）总线是 1983 年德国博世公司研发的一种共享式双线串行通信总线，最高传输速率为 1Mbit/s，具有非破坏性仲裁、分布式实时控制、可靠的错误处理和检测机制等特性。ISO 已将 CAN 通信进行了标准化，因此，目前 CAN 网络是车载通信的主干网络。

CAN 网络的优势是成本低、可靠性高，可以用于汽车动力系统、底盘和车身电子等领域，不足之处是 CAN 总线属于共享式总线，通信速率相对较低，不能满足汽车总线带宽日益增加的需求。

CAN FD（CAN with Flexible Data-Rate）是博世公司 2011 年发布的 CAN 的替代总线，在继承了 CAN 总线绝大多数特性的同时，弥补了 CAN 总线在总线带宽和数据长度的不足，将数据位最大的字节数提高至 64 位，最高通信速率可达 8Mbit/s 甚至更高，显著提高了通信速率，降低了总线负载。CAN FD 可以兼容传统 CAN 网络，因此，目前车内的控制网络正逐步地由 CAN 网络向 CAN FD 网络迁徙。

二、LIN

LIN（Local Interconnect Network）总线通信技术于 2001 年运用于汽车工业，作为 CAN 网络的一种补充，也属于一种低成本的串行总线技术。

LIN 总线最主要的优势在于相比 CAN 总线更为低廉的成本，但其带宽仅有不到 20kbit/s，多应用于带宽要求不高的舒适系统。

三、FlexRay

FlexRay 是继 CAN 和 LIN 之后推出的新一代汽车控制总线技术，于 2005 年应用于汽车领域。它同样属于共享式总线技术，带宽可达 10Mbit/s，是一种具备时间可确定性、分布式时钟同步、故障容错的总线标准。

FlexRay 的主要优势在于相比 CAN 总线具有较高的带宽，可以满足汽车关键应用的要求。但是同样作为共享式总线技术，其成本却很高，仅适用于豪华车中的线控系统（如悬架控制、换档控制、制动控制、转向控制等）。

四、MOST

MOST（Media Oriented Systems Transport，面向媒体的系统传输系统）是在汽车制造商和供应商中越来越受推崇的一种解决传统总线不适用于汽车娱乐信息传输的网络标准。它利用光纤作为信息传导媒介，进行数字信号的传输。首先各控制元件将电磁脉冲信号转化为光脉冲信号，传送到光纤上，而后相应的接收器又将光脉冲信号转换回电磁脉冲信号，从而完成相应的控制功能。

由于 MOST 通信物理层使用的是光纤传输，采用环形网络拓扑结构，其线束质量轻、抗干扰性强、带宽高、信号衰减少，MOST-150 标准速率可达 150Mbit/s，可同时传输音像流数据、文件数据等。

目前，MOST 的带宽性能能够满足汽车的需求，但是它的扩展性差，技术开发周期长，专利技术成本昂贵，难以得到普及，也仅仅应用于中高端车中。

五、LVDS

LVDS（Low Voltage Differential Signaling）是一种高速串行接口，适用于视频、音频和控制信号的传输。虽不是专门为汽车领域所设计，但是 LVDS 相比于 MOST 技术有着更低的成本，且最高带宽可达 655Mbit/s，是一种低压差分高速信号标准，受到众多普通厂商的青睐，被视为 MOST 技术的替代产品。

但是 LVDS 技术也有比较严重的缺陷，为了满足汽车严格的电磁兼容（Electromagnetic Compatibility，EMC）、电磁干扰（Ectromagnetic Interference，EMI）等要求，它的传输线缆增加了较厚的传输屏蔽层，增加了车重，并且在传输协议上，LVDS 属于点对点的图像传输技术，每个接口只能有一个摄像头或者一个视频输出口，严重限制了扩展性能。

六、以太网

车载以太网是一种用于连接车内电子单元的以太技术，它在一对非屏蔽双绞线上可实现 10M~25Gbit/s 的传输速率，同时能满足汽车行业对高可靠性、低电磁辐射、低功耗、低延迟以及同步实时性等方面的要求。

网络通信总线技术列举见表 3-1-1。

表 3-1-1　网络通信总线技术列举

总线名称	通信速度	成本	应用范围
LIN	20kbit/s（车身）	低	前照灯、灯光、门锁、电动座椅等
CAN	125k~1Mbit/s（状态信息）	低	汽车空调、电子指示、故障诊断等

（续）

总线名称	通信速度	成本	应用范围
CAN FD	5Mbit/s	低	汽车空调、电子指示、故障诊断等
FlexRay	1~10Mbit/s（实时控制）	中	发动机控制、ABS、悬架控制、线控转向等
MOST/1394	150Mbit/s	高	汽车导航系统、多媒体娱乐等
LVDS	850Mbit/s	低	车载摄像头
TTP/C	10Mbit/s	高	用于安全关键领域，航空电子设备或汽车领域 X-by-Wire 应用
Etheret	1Gbit/s	低	汽车多媒体通信、主干网和诊断

引导问题 2

请查阅相关资料，简述 MDC 300F 接口类型。

____

____

____

MDC 300F 硬件平台外观及接口

如图 3-1-1 所示，MDC 硬件平台提供 12 个视频输入接口，8 个车载以太接口和 12 个 CAN/CAN FD 接口。

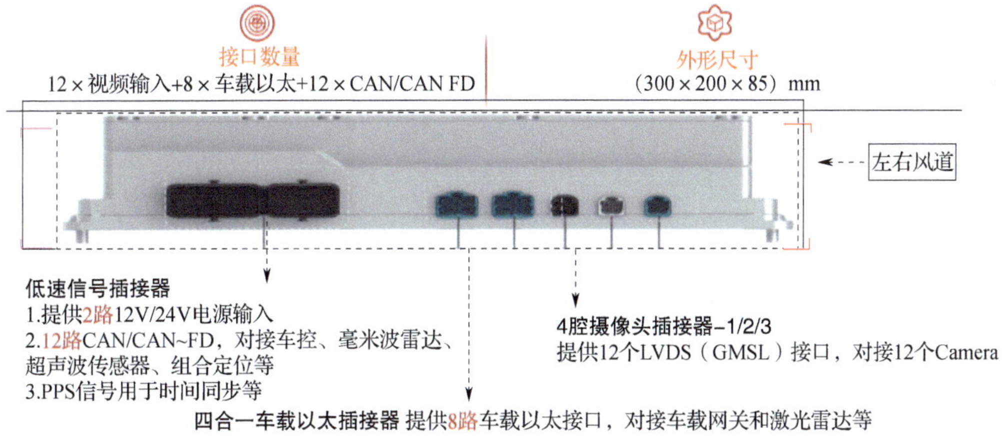

图 3-1-1 MDC 硬件外观图

引导问题 3

请查阅相关资料，简述 MDC 300F 硬件逻辑架构图组成。

____

____

____

MDC 300F 硬件逻辑架构

图 3-1-2 所示是 MDC 300F 硬件逻辑架构图，左边为常用传感器，中间是 MDC，右边是整车的一些其他电子控制单元和信息娱乐模块。

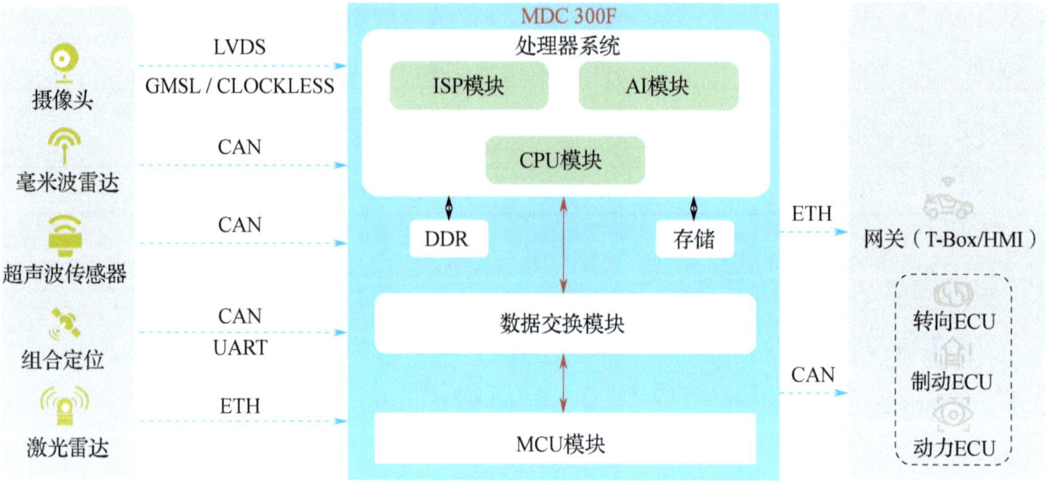

图 3-1-2　MDC 300F 硬件逻辑架构图

MDC 内部分为两大模块，第一个是计算单元，第二个是安全 MCU 模块。

计算单元内部包括四大模块：CPU 模块、图像处理模块、AI 处理模块、数据交换模块。

- CPU 模块主要提供一些整型计算，可以用来部署后融合、定位、规控等应用软件算法。
- 图像处理模块主要负责处理图像数据。
- AI 处理模块主要用来进行 AI 计算，主要是卷积神经网络（CNN）计算，可以进行摄像头的 AI 处理，或者摄像头和激光雷达一个前融合的 AI 计算。
- 数据交换模块主要负责其余各个模块的数据交互。

一、传感器连接

车载传感器常用的有摄像头、GPS、激光雷达、毫米波雷达、超声波传感器。激光雷达通过 ETH（以太网接口）接入，毫米波雷达和超声波传感器通过 CAN 接入。

二、ECU 和其他连接

ETH（以太网接口）连接到 4G 网络、车联网系统等。

CAN 接口可以对接底盘的一些 ECU，包括转向和动力 ECU。

引导问题 4

请查阅相关资料，简述 MDC 300F 提供的 CAN 接口方案。

______

______

______

MDC 300F CAN 接口方案

CAN 接口在 MDC 产品中主要用于车控命令下发、传感器接入（毫米波雷达、超声波传感器、组合定位模块、智能摄像头等）。

MDC 300F 对外有 12 个 CAN 接口，既可以配置为 CAN 模块（典型速率 500kbit/s），也可以配置成 CAN FD 模式（典型速率 2Mbit/s）。MCU 只能有 3 个接口用于线控（CAN0~2），其中 CAN0 具有唤醒功能，如图 3-1-3 所示。

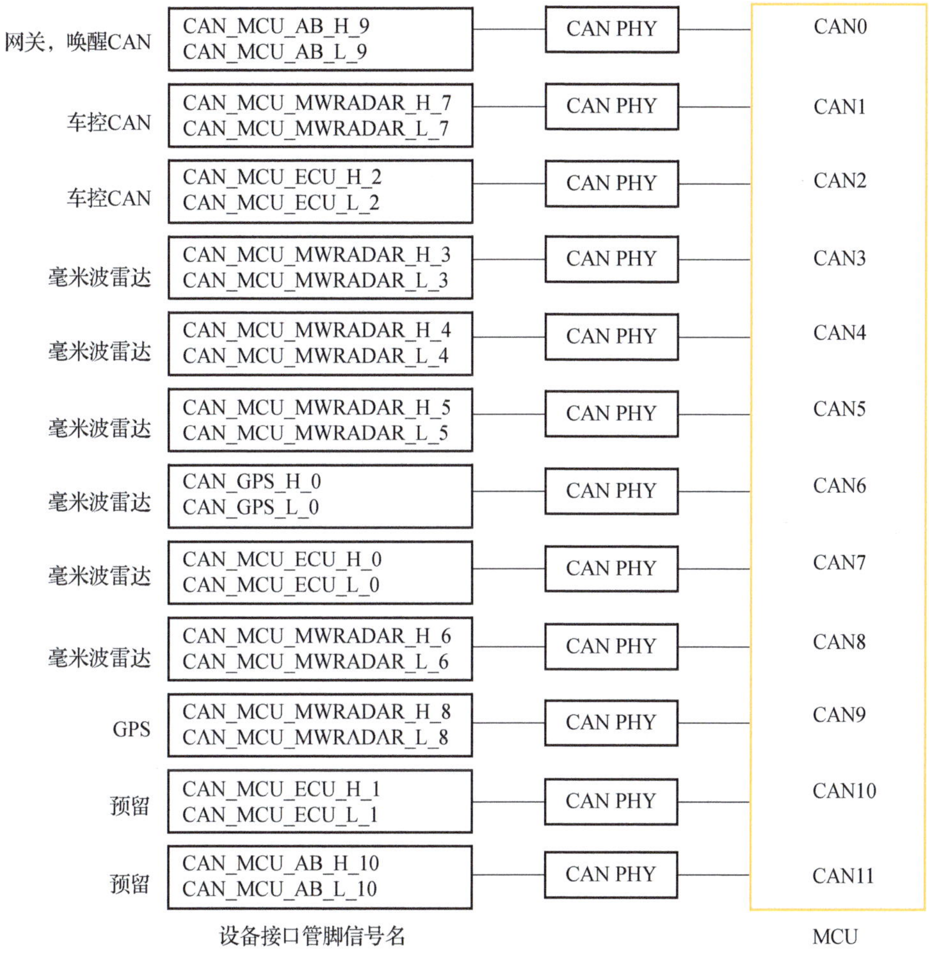

图 3-1-3　MDC 300F 对外 CAN 接口拓扑图

引导问题 5

请查阅相关资料，简述 MDC 300F 提供的以太接口方案。

____

____

____

MDC 300F 以太接口方案

在 MDC 产品中，车载以太网主要用于激光雷达的接入、与车载网关通信等场景。

MDC 300F 对外有 8 个车载以太接口（图 3-1-4），按最大支持速率分类如下：

1）MDC 300F 有 8 个 1000 Mbit/s 端口。

2）对接 MTB 300 转接盒使用时，由于 MTB 转接盒默认限制，端口 1~6 只能配置为 100Mbit/s 端口。

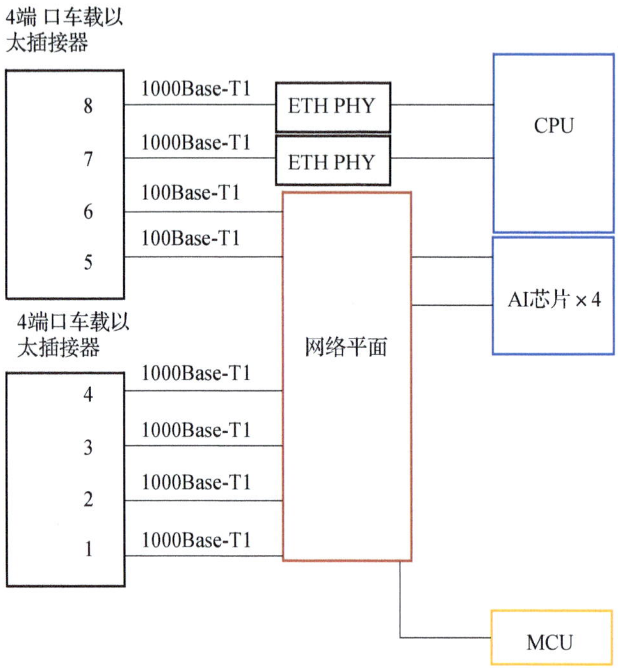

图 3-1-4 MDC 300F 车载以太拓扑

引导问题 6

请查阅相关资料，简述 MDC 300F 提供的视频接口方案。

____

____

____

MDC 300F 视频接口方案

LVDS 根据不同厂家的方案分为 GMSL（MAXIM）、FPDLINK（TI）和 Clockless（ROHM）等协议。

MDC 300F 支持 12 路视频输入（图 3-1-5）：

1）视频输入：支持最多 4 路 4k@30Hz 和 11 路 2k@30Hz Camera 接入，当前可以支持 GMSL 协议。

2）POC 供电：MDC 300F 通过 POC（Power Over Coax）给 Camera 供电，供电电压约 10V，电流最大为 250mA。

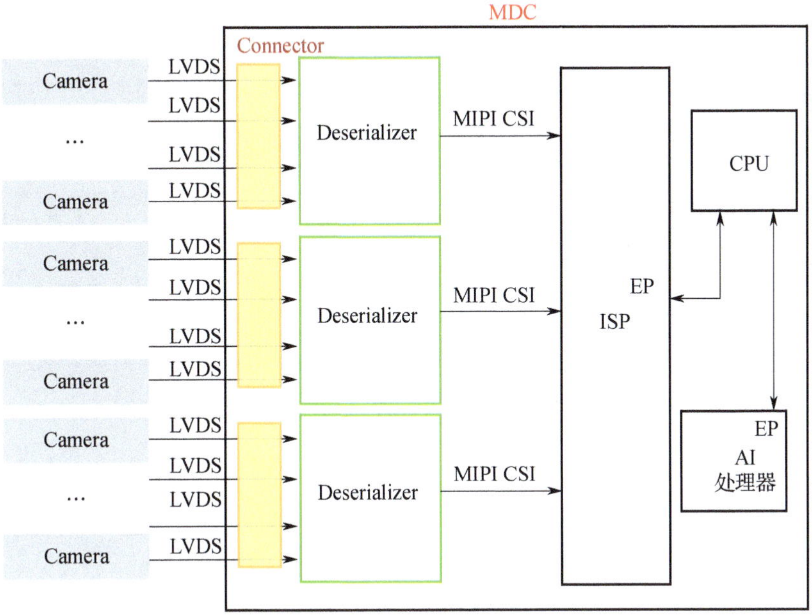

图 3-1-5　MDC 300F 视频接口拓扑

引导问题 7

请查阅相关资料，简述转接盒 MTB 300 的功能。

____

____

____

转接盒 MTB 300 接口拓扑

MTB 300 转接盒（图 3-1-6、图 3-1-7）可实现车载以太网接口与通用以太网接口的转换，通常用于连接 MDC 300F 系列设备与激光雷达等其他通用以太设备。

图 3-1-6　MTB 300 转接盒前视图

图 3-1-7　MTB 300 转接盒后视图

MTB 300 包含三类连接器：低速连接器、通用以太连接器、四合一车载以太连接器。MTB 300 连接器说明见表 3-1-2。

表 3-1-2　MTB 300 连接器说明表

序号	连接器名称	连接器说明
1	低速连接器 1	提供 8 组激光雷达时间信息和时间同步，用于对接激光雷达
2	通用以太连接器	提供 8 个通用以太网（100BASE-TX/1000BASE-T）接口，用于对接 8 路激光雷达或其他设备
3-1	四合一车载以太连接器 B	用于对接 MDC 300F 系列设备，提供 8 路车载以太 1000/100 BASE-T1 接口
3-2	四合一车载以太连接器 A	
4	低速连接器 2	接收 MDC 300F 系列设备提供的时间信息和时间同步，用于对接 MDC 300F 系列设备

面板编号和车载以太网口的对应关系见表 3-1-3，硬件中的实际位置如图 3-1-8 所示。

表 3-1-3　面板编号与车载以太网口的对应关系

面板编号	A1	A2	A3	A4	B1	B2	B3	B4
车载以太网口 ID	1	2	3	4	5	6	7	8

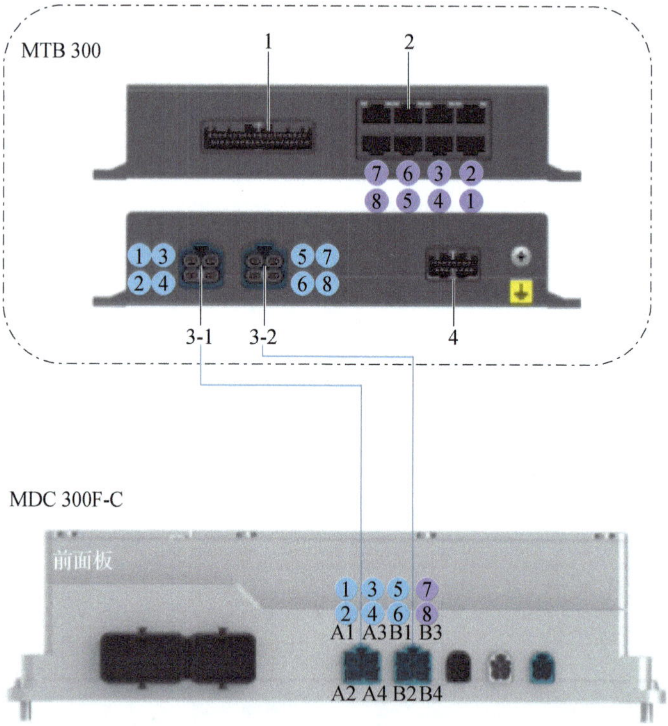

图 3-1-8　MDC 300F 与 MTB 300 转接盒以太接口图

表 3-1-4 是通用以太端口连接信息表。

表 3-1-4 MTB 300 转接盒通用以太端口连接信息表

转接盒通用以太端口	速率 /（bit/s）	功能
1	100M	标准通用以太网接口，对接激光雷达或其他网络设备（例如，T-BOX 等） 其中：6 路 100M 通用以太网接口，协议是 100BASE-T;2 路 1000M 通用以太网接口，协议是 1000BASE-T
2	100M	
3	100M	
4	100M	
5	100M	
6	100M	
7	1000M	
8	1000M	

图 3-1-9 为 MDC 300F 转接场景典型组网图。

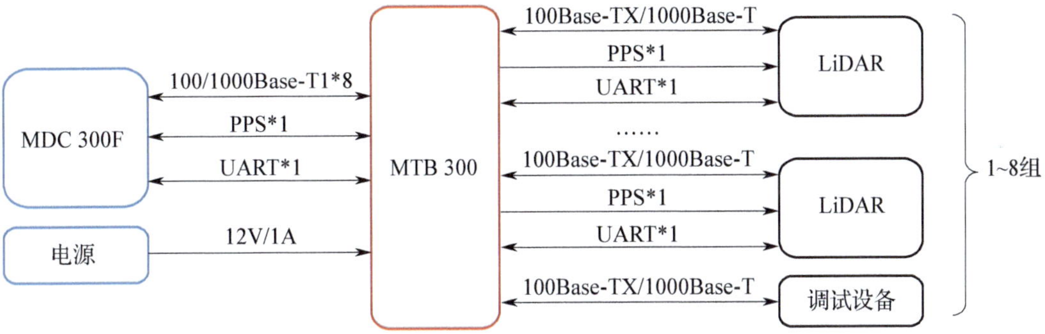

图 3-1-9 MDC 300F 转接场景典型组网图

任务分组

学生任务分配表

班级		组号		指导老师	
组长		学号			
组员角色分配					
信息员		学号			
操作员		学号			
记录员		学号			
安全员		学号			
任务分工					
（就组织讨论、工具准备、数据采集、数据记录、安全监督、成果展示等工作内容进行任务分工）					

工作计划

根据前面所了解的知识内容和小组内部讨论的结果，制定工作方案，落实各项工作负责人，如任务实施前的准备工作、实施中主要操作及协助支持工作、实施过程中相关要点及数据的记录工作等。

工作计划表

步骤	工作内容	负责人
1		
2		
3		
4		

进行决策

1）各组派代表阐述资料查询结果。
2）各组就各自的查询结果进行交流，并分享技巧。
3）教师结合各组完成的情况进行点评，选出最佳方案。

任务实施

MDC 300F 硬件相关知识	
记录	完成情况
1）简述 MDC 300F 硬件逻辑架构。 __________ __________ __________	已完成□　未完成□
2）简述 MDC 300F CAN 接口方案。 __________ __________ __________	已完成□　未完成□
3）简述 MDC 300F 以太接口方案。 __________ __________ __________	已完成□　未完成□
4）简述 MDC 300F 视频接口方案。 __________ __________ __________	已完成□　未完成□

评价反馈

1）各组代表展示汇报 PPT，介绍任务的完成过程。

2）以小组为单位，对各组的操作过程与操作结果进行自评和互评，并将结果填入综合评价表中的小组评价部分。

3）教师对学生工作过程与工作结果进行评价，并将评价结果填入综合评价表中的教师评价部分。

综合评价表

班级		组别	姓名		学号	
实训任务						
评价项目		评价标准			分值	得分
小组评价	计划决策	制定的工作方案合理可行，小组成员分工明确			10	
	任务实施	能够简述 MDC 300F 硬件逻辑架构			15	
		能够简述 MDC 300F CAN 接口方案			15	
		能够简述 MDC 300F 以太接口方案			15	
		能够简述 MDC 300F 视频接口方案			15	
	任务达成	能按照工作方案操作，按计划完成工作任务			10	
	工作态度	认真严谨、积极主动，安全生产，文明施工			10	
	团队合作	小组组员积极配合、主动交流、协调工作			5	
	6S 管理	完成竣工检验、现场恢复			5	
	小计				100	
教师评价	实训纪律	不出现无故迟到、早退、旷课现象，不违反课堂纪律			10	
	方案实施	严格按照工作方案完成任务实施			20	
	团队协作	任务实施过程互相配合，协作度高			20	
	工作质量	能准确完成任务实施的内容			20	
	工作规范	操作规范，三不落地，无意外事故发生			10	
	汇报展示	能准确表达、总结到位、改进措施可行			20	
	小计				100	
综合评分	小组评价分 ×50%+ 教师评价分 ×50%					
总结与反思						
（如：学习过程中遇到什么问题→如何解决的 / 解决不了的原因→心得体会）						

任务二　完成线控底盘的接入

学习目标

- 了解汽车底盘技术的发展历程。
- 掌握底盘线控系统工作原理与结构介绍。
- 理解执行器接入原理。
- 具备基于 MDC 300F 的线控底盘接入能力，了解真实的工作任务，明确职业定位。

知识索引

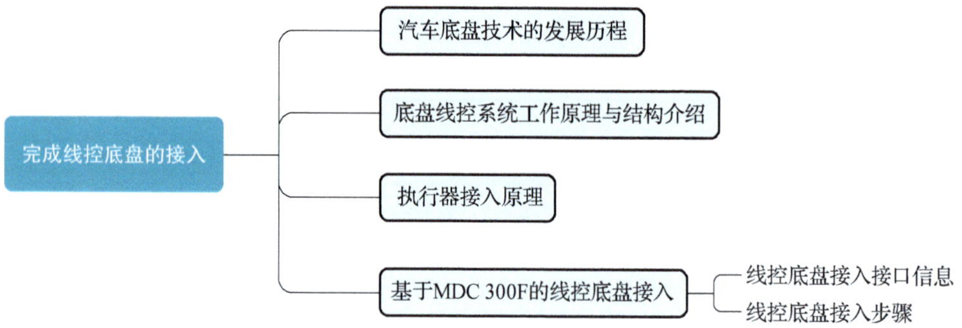

情境导入

某传统汽车企业决定与华为合作生产智能驾驶汽车，你作为汽车底盘工程师，需要完成设计汽车底盘系统接入华为 MDC 300F 的任务。

获取信息

引导问题 1

请查阅相关资料，简述汽车底盘技术的发展历程。

____

____

____

汽车底盘技术的发展历程

汽车底盘由传动系统、行驶系统、转向系统和制动系统四部分组成（图 3-2-1），底盘作用是支撑、安装汽车发动机及其各部件、总成，形成汽车的整体造型，并接受发动机的动力，使汽车产生运动，保证正常行驶。

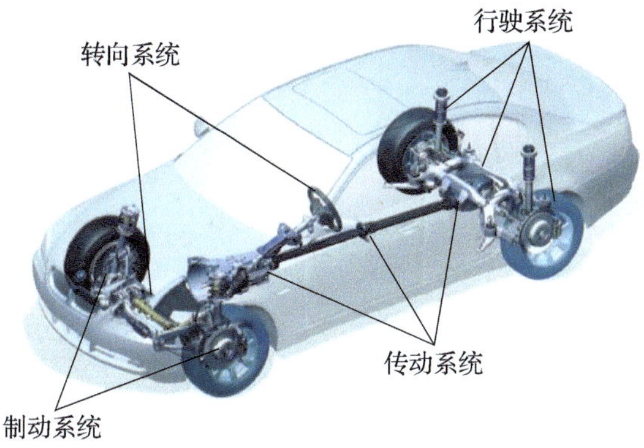

图 3-2-1　汽车底盘系统组成

智能网联汽车利用传感器感知驾驶员的驾驶意图，并将其变换成电信号传送给控制器，控制器控制执行机构工作，实现汽车的转向、制动、驱动等功能。

汽车底盘控制技术的发展主要分为 3 个阶段，如图 3-2-2 所示。

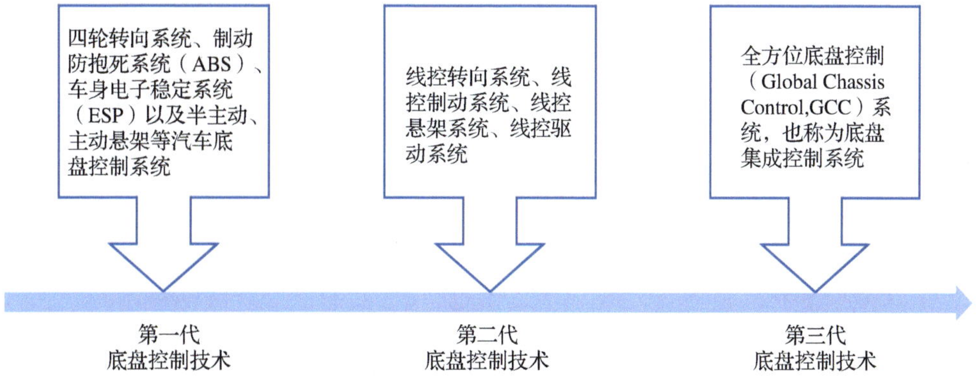

图 3-2-2　底盘控制技术发展阶段

随着汽车电子技术的快速发展，汽车底盘系统线控化将从部分子系统线控化逐渐演进到全局线控化，多系统多控制器将逐渐被域控制器取代。

引导问题 2

请查阅相关资料，简述底盘线控系统的工作原理。

____

____

____

底盘线控系统工作原理与结构介绍

在自动驾驶模式下，计算平台接收各环境感知传感器发送的数据，并对数据进行计算后，通过 CAN 总线发送给整车控制器（VCU），VCU 对计算平台发送的数据再次进行分析处理，通过 CAN 总线发送给底盘线控系统，进而实现对汽车转向、制动、速度等的控制，如图 3-2-3、图 3-2-4 所示。

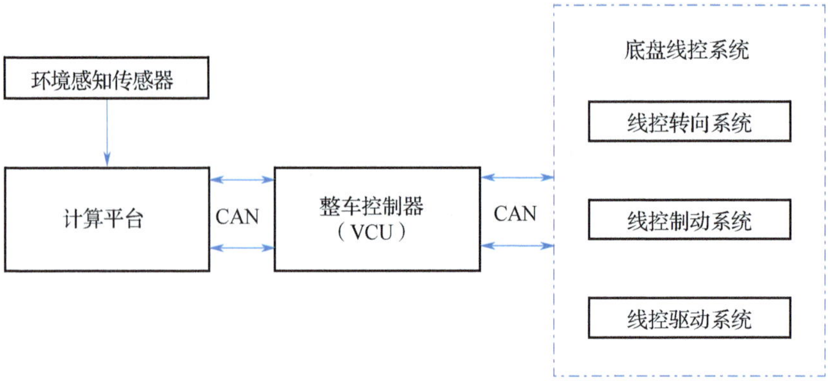

图 3-2-3　底盘线控系统控制框图

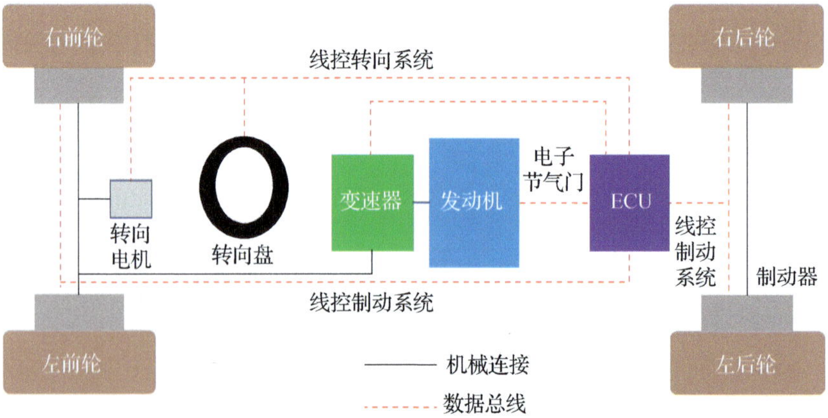

图 3-2-4　部分汽车线控系统示意图

引导问题 3

请查阅相关资料，简述 MDC 300F 执行器接入原理。

____

____

____

执行器接入原理

执行器接入是对接各种车型的底盘和车身，使得智能驾驶软件可以灵活安全地控车，从而替代驾驶员的手脚。

执行器接入分为上行流程和下行流程。

上行流程：执行器底盘从 MCU 接入，MCU 会把所有的原始车控信号转发到 host 的 CM 上，执行器抽象再去 CM 订阅，执行器抽象得到原始信号后把原始信号映射成抽象接口定义的数据结构，然后发布到 CM 上，此时 APP 即可从 CM 去订阅车控信号。CM 为 Adaptive AUTOSAR 中指定的通信模块。

下行流程：APP 在得到上行流程所有的信号通过算法处理后下发车控信号，车控信号被发布到 CM 之后，执行器抽象会去订阅，订阅完之后再做一个转换，把它转换成原始信号的格式发布到 CM 上，然后 MCU 得到这个信号再发到底盘上。

引导问题 4

请查阅相关资料，简述基于 MDC 300F 的线控底盘接入步骤。

____

____

____

基于 MDC 300F 的线控底盘接入

一、线控底盘接入接口信息

MDC 300F 提供 1 个 80P 低速插接器，即图 3-2-5 中标识的接口。插接器提供 CAN FD/CAN、UART（Universal Asynchronous Receiver/Transmitter，通用异步接收发送设备）、GPIO（General-Purpose Input/Output，通用输入输出端口）、PPS（Pulse Per Second，每秒脉冲数）、电源等接口，分别对接车控、毫米波雷达、GPS 导航、惯导元件等。

图 3-2-5　MDC 300F 插接器接口

80P 低速插接器管脚排序如图 3-2-6 所示，右侧插接器部分，包含 P1 到 P32 之间所有管脚，每行管脚按照从右到左排序，例如第一行为 P1 到 P8，第二行为 P9 到 P16。左侧插接器部分，包含 P33 到 P80 之间所有管脚，每行管脚按照从右到左排序，例如第一行为 P33 到 P44，第二行为 P45 到 P56。其中 P7、P8、P35、P36、P15 和 P16 可以连接至车载 ECU，支持 CAN 和 CAN FD 总线协议，用于车辆控制，这 3 个 CAN 总线在 MDC 300F 无内部终端电阻，具体定义内容见表 3-2-1。

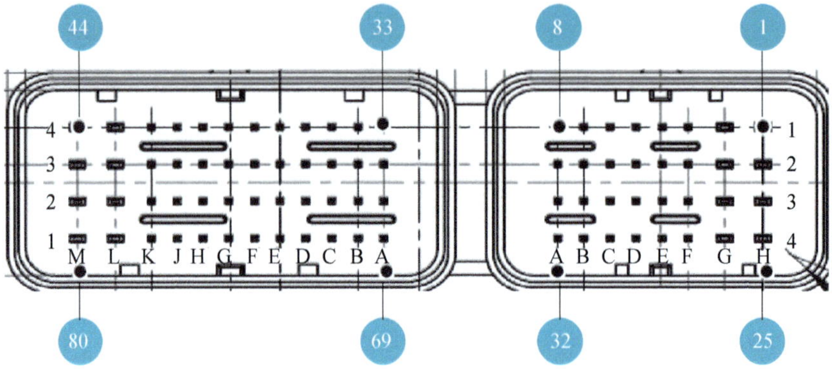

图 3-2-6　MDC 300F 硬件 80P 低速插接器详解图

表 3-2-1　管脚信息表

管脚	模块名	信号种类	信号名	电平类型	速率	I/O	功能说明
P7	ECU	CAN FD /CAN	CAN_MCU_ECU_H_0	2.5V/3.5V	2Mbit/s/500kbit/s	I/O	连接至车载 ECU，用于车辆控制。这 3 个 CAN 总线在 MDC 300F 无内部终端电阻
P8			CAN_MCU_ECU_L_0	1.5V/2.5V	2Mbit/s/500kbit/s	I/O	
P35			CAN_MCU_ECU_H_1	2.5V/3.5V	2Mbit/s/500kbit/s	I/O	
P36			CAN_MCU_ECU_L_1	1.5V/2.5V	2Mbit/s/500kbit/s	I/O	
P15			CAN_MCU_ECU_H_2	2.5V/3.5V	2Mbit/s/500kbit/s	I/O	
P16			CAN_MCU_ECU_L_2	1.5V/2.5V	2Mbit/s/500kbit/s	I/O	

二、线控底盘接入步骤

1. 认识实训硬件设备

本实训选用鸿鹄 S3 智能驾驶创新应用平台作为实训载体，如图 3-2-7 所示。鸿鹄 S3 基于 MDC 300F 智能驾驶计算平台设计，由感知、决策、执行三大模块组成。在镂空设计的车体上，感知模块搭载了激光雷达、单目摄像头、IMU 三种传感器；决策模块采用 MDC 300F 智能驾驶计算平台；执行模块主要由滑板化底盘、轮毂电机组成。使用鸿鹄 S3 智能驾驶创新应用平台可以快速进行传感器接入、线控底盘的接入和基于 ADSF 框架进行算法开发等实训，如图 3-2-8 所示。

图 3-2-7　鸿鹄 S3 智能驾驶创新应用平台

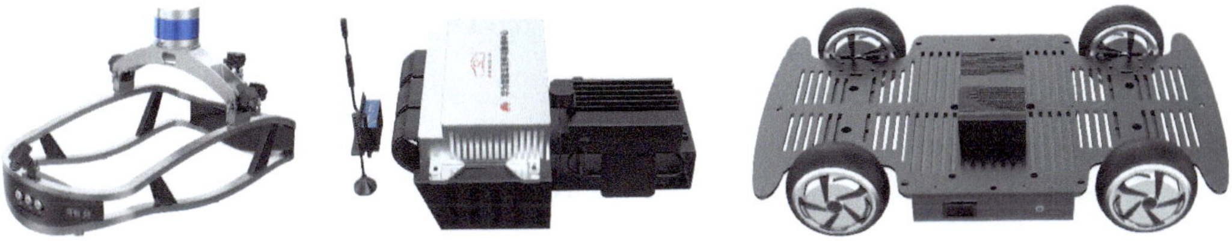

a）传感器支架　　b）决策中心　　c）四轮毂底盘

图 3-2-8　各模块图片

1）传感器支架：4 颗车规鱼眼 180° 摄像头、1 颗车规窄角 90° 摄像头、1 颗 16 线激光雷达。

2）决策中心：工业级 4G 无线路由器、华为 MDC 300F、转接盒 MTB 300、1 颗 IMU 姿态传感器。

3）四轮毂底盘：电机控制板、电源控制板装载盒、四轮毂电机底盘、电池 + 电量检测显示屏。

2. 实现步骤

调试鸿鹄 S3 智能驾驶创新应用平台的线控底盘，上位机向 MDC 300F 发送控制指令，通过 CAN FD 总线协议控制底盘的运动。

（注：在搭建好编译环境的基础上）

实现步骤：

1）编译 canfd_sample 示例工程。

2）部署 canfd_abstract。

3）指定 CM 配置文件路径，运行程序。

4）控制鸿鹄 S3 的运动。

任务分组

学生任务分配表

班级		组号		指导老师	
组长		学号			
组员角色分配					
信息员		学号			
操作员		学号			
记录员		学号			
安全员		学号			
任务分工					

（就组织讨论、工具准备、数据采集、数据记录、安全监督、成果展示等工作内容进行任务分工）

工作计划

根据前面所了解的知识内容和小组内部讨论的结果，制定工作方案，落实各项工作负责人，如任务实施前的准备工作、实施中主要操作及协助支持工作、实施过程中相关要点及数据的记录工作等。

工作计划表

步骤	工作内容	负责人
1		
2		
3		
4		
5		
6		
7		
8		

进行决策

1）各组派代表阐述资料查询结果。

2）各组就各自的查询结果进行交流，并分享技巧。

3）教师结合各组完成的情况进行点评，选出最佳方案。

任务实施

扫描右侧二维码，了解基于鸿鹄 S3 智能驾驶创新应用平台实训 MDC 300F 接入线控底盘的方法。

MDC 300F 接入线控底盘

参考操作视频，按照规范作业要求完成基于 MDC 300F 的执行器接入实训，完成任务并记录。

基于 MDC 300F 的线控底盘接入实训工单		
序号	步骤	完成情况
	一、编译 canfd sample 示例工程	
1	找到“MDC300_Sample-1.0.106.2.tar”压缩包，解压并找到“PLATFORM_Sample”文件	已完成□　未完成□
2	先打开 XLaunch，再打开 Ubuntu 终端，进入 MDS 的目录，打开 MDS。注意使用 sudo 管理指令运行，否则会报错，密码为当前上位机用户的密码	已完成□　未完成□
3	打开 MDS，在界面上方菜单栏中选择“File > Import...”	已完成□　未完成□
4	在“Import”弹窗选择“MDC > Import as a MDC Project”，单击“Next ”	已完成□　未完成□
5	单击“Browse...”，选择待导入工程文件“PLATFORM_Sample”，单击“Open”	已完成□　未完成□
6	在“Select SDK”区域，选择“gcc-linux-aarch64-/usr/local/ubuntu_crossbuild_devkit”，单击“Finish”	已完成□　未完成□
7	导入工程之后，右击工程，选择“Generate From Arxml”自动生成代码	已完成□　未完成□
8	删除 PLATFORM_Sample\modules 里面的其他模型，只保留“canfd_sample”	已完成□　未完成□
9	打开 PLATFORM_Sample\modules\canfd_sample\src 目录下的 main.cpp 文件，修改 104 行的代码，改为 uint8_t channelId = 7; 保存	已完成□　未完成□
10	编译	已完成□　未完成□
	二、部署 canfd abstract	
1	找到编译得到的两个文件，二进制程序 canfd_abstract 和 CM 配置文件 MdcCanFdProcess	已完成□　未完成□
2	双击 Xftp 7，打开数据传输软件	已完成□　未完成□
3	新建 MDC 会话，设置主机、端口	已完成□　未完成□
4	双击 MDC 会话，进行连接	已完成□　未完成□

（续）

<table>
<tr><th colspan="3">基于 MDC 300F 的线控底盘接入实训工单</th></tr>
<tr><th>序号</th><th>步骤</th><th>完成情况</th></tr>
<tr><td>5</td><td>输入账号、密码</td><td>已完成□　未完成□</td></tr>
<tr><td>6</td><td>将刚刚找到的文件复制到 MDC 上，完成部署</td><td>已完成□　未完成□</td></tr>
<tr><td colspan="3">三、指定 CM 配置文件路径，运行程序</td></tr>
<tr><td>1</td><td>鸿鹄 S3 上电，打开感知、决策和执行模块，注意执行需要长按 2s 发出“滴”声之后才能开启</td><td>已完成□　未完成□</td></tr>
<tr><td>2</td><td>打开 Ubuntu 终端，登录 MDC，切换 root 用户</td><td>已完成□　未完成□</td></tr>
<tr><td>3</td><td>进入 /home/sftpuser/uploads 目录，运行 CM 配置文件 MdcCanFdProcess</td><td>已完成□　未完成□</td></tr>
<tr><td>4</td><td>给二进制程序 canfd_abstract 最高权限并执行</td><td>已完成□　未完成□</td></tr>
<tr><td colspan="3">四、控制 S3 运动</td></tr>
<tr><td>1</td><td>控制鸿鹄 S3 前进、后退、停止</td><td>已完成□　未完成□</td></tr>
<tr><td>2</td><td>控制鸿鹄 S3 加速、减速</td><td>已完成□　未完成□</td></tr>
<tr><td>3</td><td>控制鸿鹄 S3 左转、右转</td><td>已完成□　未完成□</td></tr>
</table>

评价反馈

1）各组代表展示汇报 PPT，介绍任务的完成过程。

2）以小组为单位，对各组的操作过程与操作结果进行自评和互评，并将结果填入综合评价表中的小组评价部分。

3）教师对学生工作过程与工作结果进行评价，并将评价结果填入综合评价表中的教师评价部分。

综合评价表

<table>
<tr><th>班级</th><td></td><th>组别</th><td></td><th>姓名</th><td></td><th>学号</th><td></td></tr>
<tr><th colspan="3">实训任务</th><td colspan="5"></td></tr>
<tr><th colspan="3">评价项目</th><th colspan="3">评价标准</th><th>分值</th><th>得分</th></tr>
<tr><td rowspan="9">小组评价</td><td colspan="2">计划决策</td><td colspan="3">制定的工作方案合理可行，小组成员分工明确</td><td>10</td><td></td></tr>
<tr><td colspan="2" rowspan="3">任务实施</td><td colspan="3">能够正确检查并设置实训工位</td><td>10</td><td></td></tr>
<tr><td colspan="3">能够完成线控底盘接入</td><td>40</td><td></td></tr>
<tr><td colspan="3">能够规范填写任务工单</td><td>10</td><td></td></tr>
<tr><td colspan="2">任务达成</td><td colspan="3">能按照工作方案操作，按计划完成工作任务</td><td>10</td><td></td></tr>
<tr><td colspan="2">工作态度</td><td colspan="3">认真严谨、积极主动</td><td>10</td><td></td></tr>
<tr><td colspan="2">团队合作</td><td colspan="3">小组组员积极配合、主动交流、协调工作</td><td>5</td><td></td></tr>
<tr><td colspan="2">6S 管理</td><td colspan="3">将鼠标、键盘、桌椅进行归位</td><td>5</td><td></td></tr>
<tr><td colspan="5">小计</td><td>100</td><td></td></tr>
</table>

（续）

评价项目		评价标准	分值	得分
教师评价	实训纪律	不出现无故迟到、早退、旷课现象，不违反课堂纪律	10	
	方案实施	严格按照工作方案完成任务实施	20	
	团队协作	任务实施过程互相配合，协作度高	20	
	工作质量	能准确完成线控底盘接入的任务	20	
	工作规范	操作规范，三不落地，无意外事故发生	10	
	汇报展示	能准确表达、总结到位、改进措施可行	20	
	小计		100	
综合评分	小组评价分 ×50%+ 教师评价分 ×50%			
总结与反思				

（如：学习过程中遇到什么问题→如何解决的 / 解决不了的原因→心得体会）

能力模块四

掌握智能驾驶计算平台与传感器接入的方法

任务一　调研分析智能驾驶传感器的解决方案

学习目标

- 认识智能驾驶车载常用传感器。
- 掌握车载摄像头、激光雷达、毫米波雷达、超声波传感器、GNSS/IMU的基本组成、类型、原理、特点及优缺点。
- 了解智能驾驶行业传感器系统配置方案，立足专业技能，明确自身职业方向。

知识索引

- 调研分析智能驾驶传感器的解决方案
  - 视觉传感器认知
    - 视觉传感器原理
    - 视觉传感器特点
    - 视觉传感器应用与安装位置
  - 激光雷达认知
    - 激光雷达原理
    - 激光雷达特点
    - 激光雷达应用（L4级）
  - 毫米波雷达认知
    - 毫米波雷达原理
    - 毫米波雷达特点
    - 毫米波雷达应用与安装位置
  - 超声波传感器认知
    - 超声波传感器原理
    - 超声波传感器特点
    - 超声波传感器应用与安装位置
  - 全球导航卫星系统（GNSS）与惯性测量单元（IMU）认知
  - 产业传感器系统配置方案
    - 各类型传感器特点汇总
    - 传感器选择与布置

情境导入

某品牌车企，近期新车上市，新车搭载了36个传感器。现某4S店邀请你到店，为销售们讲解这款车上搭载的传感器的用途，你作为传感器工程师，请你以某款车为例讲解传感器的分布以及各传感器的作用。

获取信息

引导问题 1

要实现自动驾驶，肯定离不开感知层，也就是通过传感器实现对车辆周边环境的感知。智能驾驶车载端常用传感器包括视觉传感器、激光雷达以及超声波传感器等。请查阅相关资料，简述智能驾驶汽车中的视觉传感器的类型与功能。

____

____

____

视觉传感器认知

视觉传感器在智能驾驶汽车上的应用是以摄像头形式出现的，一般分为单目摄像头、双目摄像头、三目摄像头、环视摄像头等，如图 4-1-1~ 图 4-1-3 所示，按作用可分为前视、环视、侧视、后视以及内置摄像头。

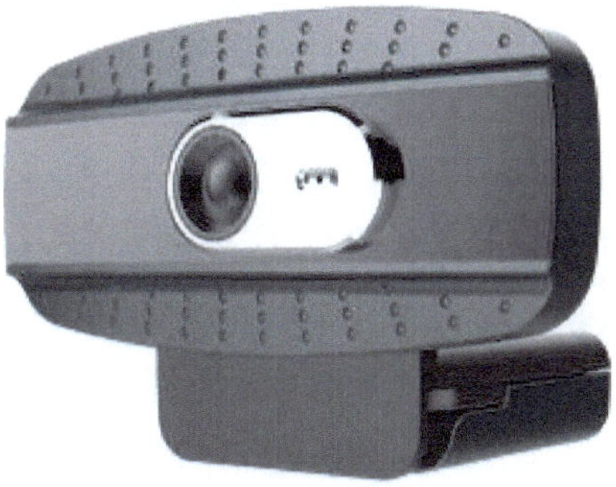

图 4-1-1　华为车规单目视觉传感器

图 4-1-2　双目视觉传感器

图 4-1-3　鱼眼镜头采集图像

一、视觉传感器原理

摄像头是一种被动探测的传感器，其自身不产生探测信号，通过接收外界的光信号并转化为电信号，根据编码协议编码图像信号，通过低电压差分信号（LVDS）传输方式将图像传输至图像处理芯片（ECU），经过图像信号质量处理后，再传递至图像处理单元（GPU），利用深度学习或机器学习算法识别图像中不同层次目标（道路、行人、车辆、障碍物），如图 4-1-4 所示。目标识别效果依赖于深度学习的样本的类型和数量，因此深度学习目标识别的样本需要不断迭代和更新。

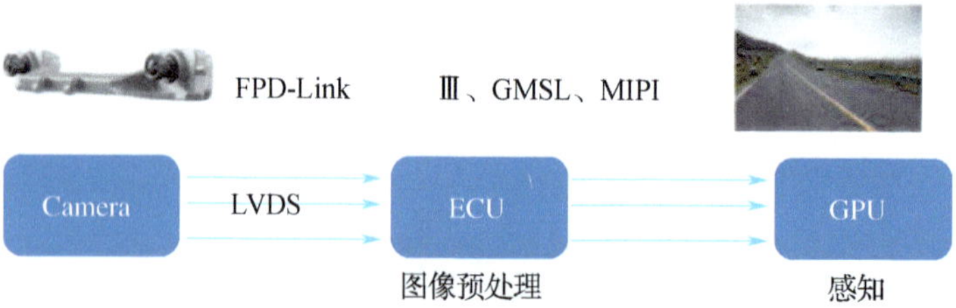

图 4-1-4　车载摄像头工作原理图

二、视觉传感器特点

一方面，相比于其他传感器，摄像头可以获得最接近人眼获取的周围环境信息，且技术成熟，成本低。另一方面，基于视觉的感知技术受光线、天气影响较大，在恶劣天气和类似于隧道内的昏暗环境中其性能难以得到保障。此外，在技术上，存在物体识别基于机器学习资料库，需要的训练样本非常大，训练周期长，难以识别非标准障碍物等问题。

三、视觉传感器应用与安装位置

1. 应用（表 4-1-1）

在目标检测方面，由于分辨率较高，且能够感知颜色，自动驾驶感知系统主要用摄像头进行周围环境的感知，包括车道线、车辆、交通标志等。

在高精地图采集方面，摄像头采集周围环境的图像，进行环境的感知与建模。

表 4-1-1　摄像头在自动驾驶领域的应用

自动驾驶辅助功能	使用摄像头	具体功能
车道偏离预警（LDW）	前视	当摄像头检测到车辆即将偏离车道线时，发出警报
前向碰撞预警（FCW）	前视	当摄像头检测到与前车距离过近，可能追尾时，发出警报
交通标志识别（TSR）	前视、侧视	识别前方道路两侧的交通标志
车道保持辅助（LKA）	前视	当前视摄像头检测到车辆即将偏离车道线时，向控制中心发出信息，由控制中心发出指令，及时纠正行驶方向
行人碰撞预警（PCW）	前视	前视摄像头标记前方道路行人，在可能发生碰撞时发出警报
盲点检测（BSD）	侧视	利用侧视摄像头，将后视镜盲区内的景象显示在驾驶舱
全景泊车（SVP）	前视、侧视、后视	利用车辆四周摄像头获取的影像，通过图像拼接技术，输出车辆周边的全景图
泊车辅助（PA）	后视	泊车时将车尾的影像显示在驾驶舱，预测并标记倒车轨迹，辅助驾驶员泊车
驾驶员注意力检测	内置	安装在车内，用于检测驾驶员是否疲劳、闭眼等

2. 安装位置（图 4-1-5）

前视摄像头是最主要的车载摄像头，承担了最多的感知功能，有单目 / 双目 / 三目等不同配置；侧视摄像头同样承担感知功能；环视摄像头以 360° 全景成像为主；后视摄像头主要用于泊车辅助；内置摄像头用以驾驶员状态检测。前视摄像头会搭配长焦、广角共同使用，其他位置摄像头以广角镜头为主。

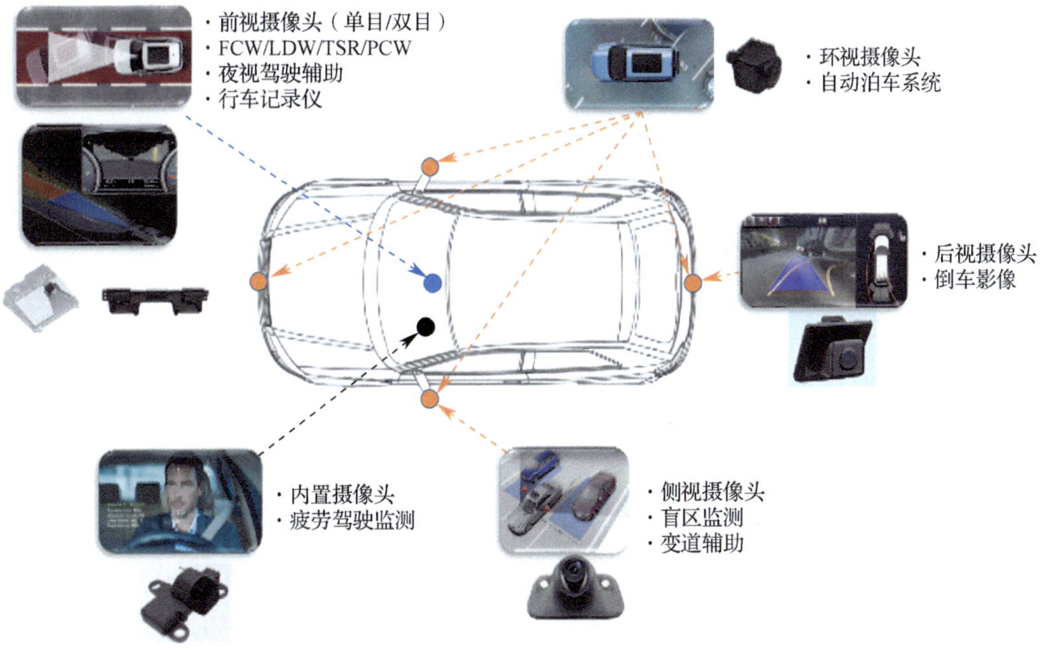

图 4-1-5　车辆摄像头模块安装位置

引导问题 2

请查阅相关资料，简述激光雷达类型与常用功能。

____

____

____

激光雷达认知

激光雷达又称为光学雷达（Light Detection And Ranging，LiDAR），是一种先进的光学遥感传感器。激光雷达按线束划分可分为单线和多线，单线激光雷达只能完成平面扫描（图 4-1-6），多线激光雷达（图 4-1-7）是指同时发射及接收多束激光的激光旋转测距雷达。

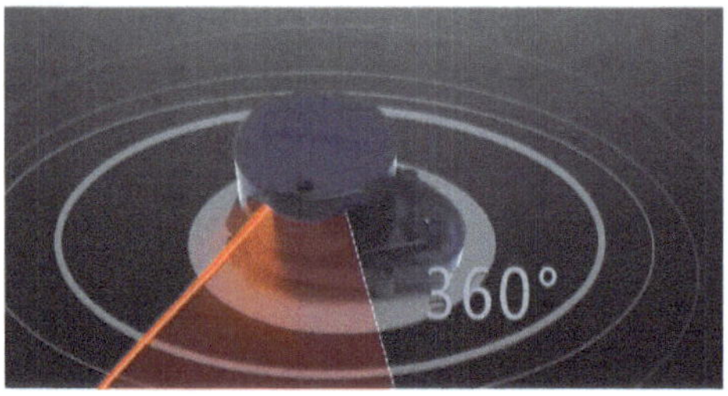

图 4-1-6　单线激光雷达扫描

图 4-1-7　多线激光雷达扫描

一、激光雷达原理

激光雷达由激光发射系统、光电接收系统、信号采集系统等组成。

激光发射器：发射波长在 600~1000nm 的激光用于探测环境和物体。

扫描与光学部件：用于获取发射点与反射点之间的距离，及反射时间和水平角度。

感光部件：用于检测反射回来光线的强度。

激光雷达工作时向外发射激光束，根据激光遇到障碍物后的折返时间、强弱程度等，计算目标与自己的相对距离、方位、运动状态及表面光学特性，如图 4-1-8 所示。激光光束可以准确测量视场中物体轮廓边沿与设备间的相对距离，这些轮廓信息组成所谓的“点云”并绘制出 3D 环境地图（图 4-1-9）。

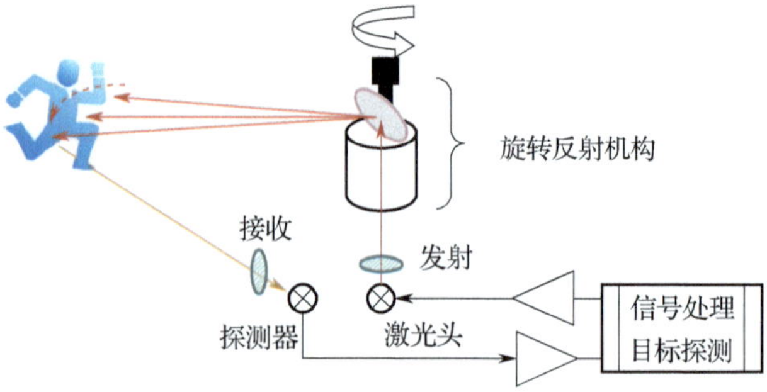

图 4-1-8　激光雷达工作原理图

图 4-1-9　3D 环境地图

二、激光雷达特点

一方面，激光雷达定位精度非常高，且工作时长不受光照条件的限制，可全天候工作。另一方面，激光雷达在使用过程中时刻都在产生海量的点云数据，而给出的原始数据只是反射物体的距离信息，需要对所有的点进行几何变换，且在后期处理中也要进行大量的坐标系转换等工作，这些对计算硬件提出了很高的要求。此外，激光雷达相较于其他传感器成本较高，如谷歌的无人驾驶车辆使用的 Velodyne 64 线激光雷达，价格高达 7 万美元以上。激光雷达常用于配置高阶无人驾驶。

三、激光雷达应用（L4 级）

在目标检测方面，LiDAR 生成的点云可以很好地探测反射障碍物的远近、大小，甚至表面形状，辅助摄像头检测，有利于障碍物检测准确性的提高。

在高精地图采集方面，激光雷达采集点云信息，进行周围环境的感知与建模。激光雷达采集到的信息是构成高精地图的主要部分。

引导问题 3

请查阅相关资料，简述毫米波雷达类型与常用功能。

____

____

____

毫米波雷达认知

毫米波是指频率为 30~300GHz（波长为 1~10mm）的电磁波。毫米波雷达是工作在毫米波波段（Millimeter Wave）的雷达，是测量被测物体相对距离、相对速度、方位的高精度传感器，如图 4-1-10 所示。毫米波雷达早期被应用于军事领域，随着雷达技术的发展与进步，毫米波雷达开始应用于汽车电子、无人机、智能交通等多个领域。

毫米波雷达按探测距离可分为近距离（SRR）、中距离（MRR）和远距离（LRR）三类。

图 4-1-10　毫米波雷达

一、毫米波雷达原理

毫米波雷达测量原理一般分为脉冲方式和调频连续波方式两种。

脉冲方式测量原理简单，但由于受技术、元器件等方面影响，实际应用中很难实现。采用脉冲方式的毫米波雷达需在短时间内发射大功率信号脉冲，结构复杂，成本高。

大多数车载毫米波雷达都采用调频连续波的方式，其结构简单、体积小，可以同时得到目标的相对距离和相对速度。

车载毫米波雷达通过天线向外发射毫米波，接收目标反射信号，经后方处理后可快速准确地获取汽车车身周围的物理环境信息（如汽车与其他物体之间的相对距离、相对速度、角度、运动方向等），如图 4-1-11 所示。

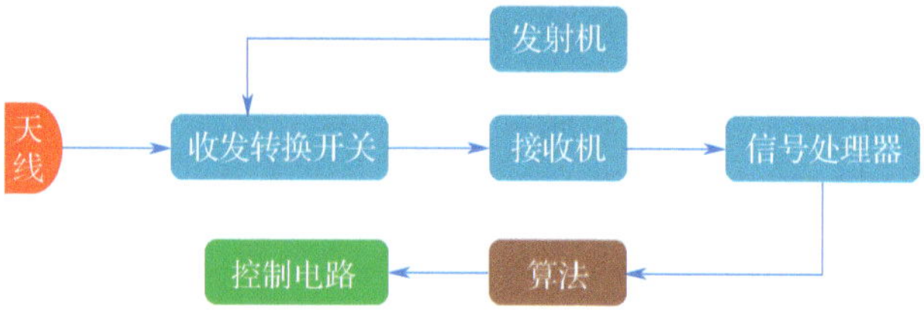

图 4-1-11　毫米波雷达工作原理图

二、毫米波雷达特点

1. 优点

1）毫米波雷达可以检测距离 30~100m 的物体，高性能毫米波雷达可以探测更远的物体。

2）毫米波雷达不受天气的影响，即使在恶劣的天气和光照条件下也能正常工作，穿透烟雾能力很强。

3）毫米波雷达具有全天候、全天时的工作特性，且探测距离远、探测精度高。

2. 缺点

1）存在定位不准确的问题。通常毫米波雷达对纵向的定位是比较准确的，但是它的侧向定位并不准确，并且会有很多的误判，分辨率低。

2）和激光雷达比较，毫米波雷达精度低、可视范围角度偏小，一般需要多个雷达组合使用。

3）毫米波雷达发射的是不可见电磁波，对很多物体识别能力较弱，如毫米波雷达对行人的反射波较弱，而对金属表面非常敏感，一个弯曲的金属表面会被误认为是一个面积很大的表面等。

4）存在互相干扰的问题。随着道路上装载毫米波雷达的车辆增加，相似频段的雷达信号也随之增加，雷达之间的干扰不可避免。干扰信号可以通过直线传播导致直接干扰，也可以经过物体反射从而导致间接干扰。

三、毫米波雷达应用与安装位置

1. 应用（L1~L4 级）

毫米波雷达广泛应用于 L1~L4 级智能驾驶车辆，主要承担主动安全功能以及行车纵向控制功能。

2. 安装位置

正向毫米波雷达一般布置在车辆中轴线，外露或隐藏在保险杠内部，如图 4-1-12 所示。雷达波束的中心平面要求与路面基本平行，考虑雷达系统误差、结构安装误差、车辆载荷变化后，需保证与路面夹角的最大偏差不超过 5°。

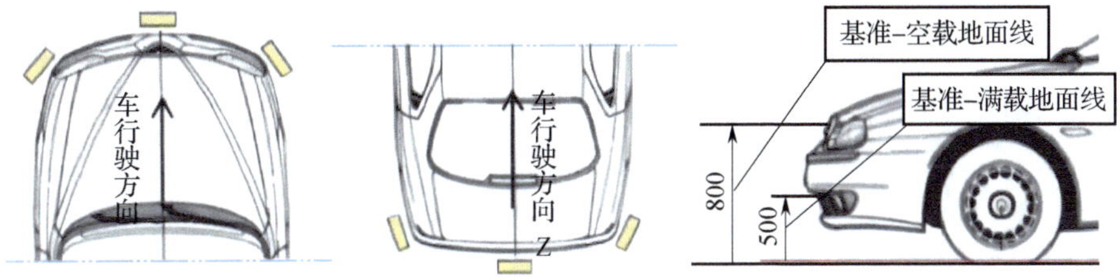

a）车头 b）车尾 c）高度范围

图 4-1-12 毫米波雷达的安装位置

另外，在某些特殊情况下，正向毫米波雷达无法布置在车辆中轴线上时，允许正 Y 向最大偏置距离为 300 mm，偏置距离过大会影响雷达的有效探测范围。

侧向毫米波雷达在车辆四角呈左右对称布置，前侧向毫米波雷达与车辆行驶方向成 45° 夹角，后侧向毫米波雷达与车辆行驶方向成 30° 夹角，雷达波束的中心平面与路面基本平行，角度最大偏差仍需控制在 5° 以内。

引导问题 4

请查阅相关资料，简述超声波传感器类型与常用功能。

____

____

____

超声波传感器认知

超声波传感器是一种运用超声波定位的传感器，它通过发射并接收 40kHz 的超声波，根据时间差算出障碍物距离，如图 4-1-13 所示，主要用于车辆周围近距离的目标检测与测距。由于超声波传感器检测距离比较短，测距精度为 1~3cm，通常把它布置在车身的两侧以及后端。

图 4-1-13　超声波传感器

一、超声波传感器原理

超声波传感器由超声波发射器、超声波接收器、控制单元、电源等组成。

工作时超声波发射器向外面某一个方向发射出超声波信号，在发射超声波时刻的同时开始进行计时，超声波通过空气进行传播，传播途中遇到障碍物就会立即反射回来，超声波接收器在收到反射波的时刻就立即停止计时，如图 4-1-14 所示。在空气中超声波的传播速度是 340m/s，计时器记录超声波的传播时间 t，测算出从发射点到障碍物之间的距离 s，即：$s=340t/2$。

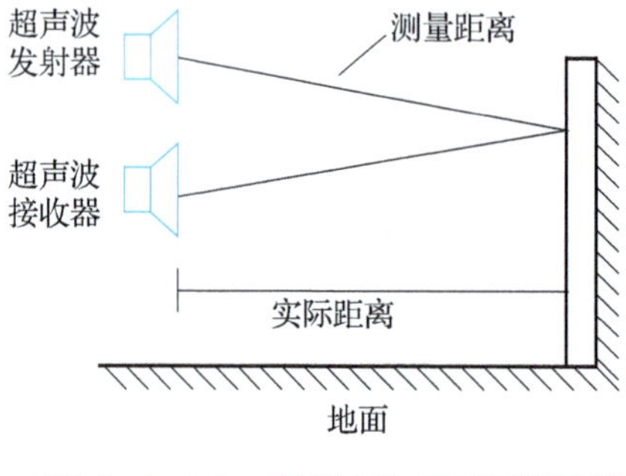

图 4-1-14　超声波传感器测距原理

二、超声波传感器特点

超声波传感器的优势：成本低，只要几十到几百元；测距方法简单；防水、防尘，即使有少量的泥沙遮挡也不影响测量。因此超声波传感器在短距的情况下具有非常大的优势，广泛应用于自动泊车的车位探测及行车盲点辅助。

但是由于超声波在空气中传播的速度较慢，当目标车速很高时，使用超声波测距无法跟上汽车车距的实时变化，误差较大；其次，在不同天气情况下，超声波的传输速度不同，这会进一步加大测量误差；另一方面，超声波散射角大，方向性较差，在测量较远距离的目标时，其回波信号会比较弱，同样会影响测量精度。

三、超声波传感器应用与安装位置

1. 应用（L1~L4 级）

超声波传感器主要用于倒车辅助、泊车位检测、高速横向辅助等相关功能，如图 4-1-15 所示，常见分类见表 4-1-2。

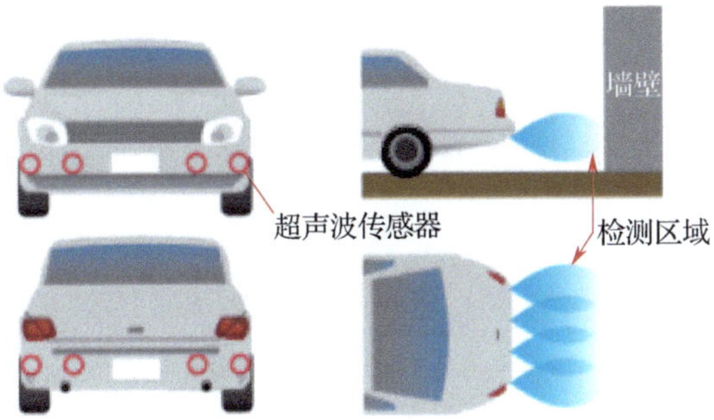

图 4-1-15　汽车上超声波传感器的安装位置与应用

表 4-1-2　倒车雷达和泊车辅助分类

UPA 类型	角度	探测距离
倒车雷达	120°	0.15~3m
泊车辅助（APA）	80°	0.3~7m

2. 安装位置

倒车雷达：安装在汽车前后保险杠上。

泊车辅助（APA）：安装在汽车侧面，用于测量侧方障碍物距离传感器。

引导问题 5

请查阅相关资料，简述 GNSS 与 IMU 常用功能。

____

____

____

全球导航卫星系统（GNSS）与惯性测量单元（IMU）认知

全球导航卫星系统（Global Navigation Satellite System，GNSS）又称全球卫星导航系统，是能在地球表面或近地空间的任何地点为用户提供全天候的三维坐标和速度以及时间信息的空基无线电导航定位系统。其包括一个或多个卫星星座及支持特定工作所需的增强系统。

GNSS 技术最初是以卫星导航的形式运用到车辆中，现在几乎所有的新车都能提供组合导航解决方案。首先接收机需接收至少四颗 GNSS 卫星信号，并计算其信号以光速从卫星轨道传播至接收机所需的时间，然后根据卫星发射信号时的精确位置，接收机可通过信号传播时间转换成的距离来确定自身的坐标。

惯性测量单元（IMU）是所有定位系统中最关键的传感器之一，它测量速度、加速度和旋转速度等基本物理量，如图 4-1-16 所示。对车辆在时空中运动方式的基本了解对于自动驾驶应用至关重要，IMU 是最可靠的传感器，因为它不受干扰 / 迷惑，且不受天气和其他环境条件的影响。

图 4-1-16　IMU

惯性导航系统（INS）主要由 3 个模块组成：惯性测量单元（Inertial Measurement Unit，IMU）、信号预处理单元、机械力学编排模块，如图 4-1-17 所示。

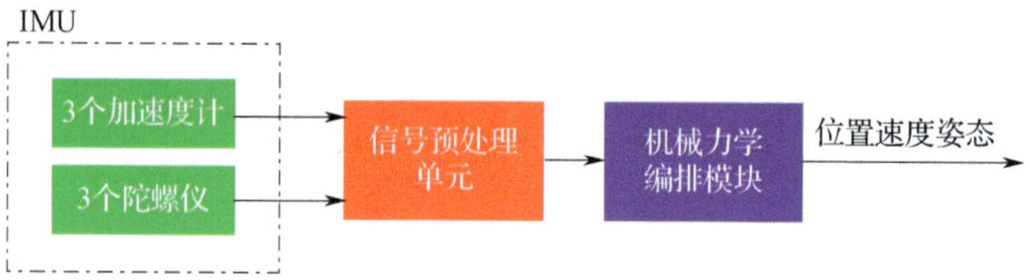

图 4-1-17　惯性导航系统模块

1 个 IMU 包括 3 个相互正交的单轴加速度计（Accelerometer）和 3 个相互正交的单轴陀螺仪（Gyroscopes），如图 4-1-18 所示。

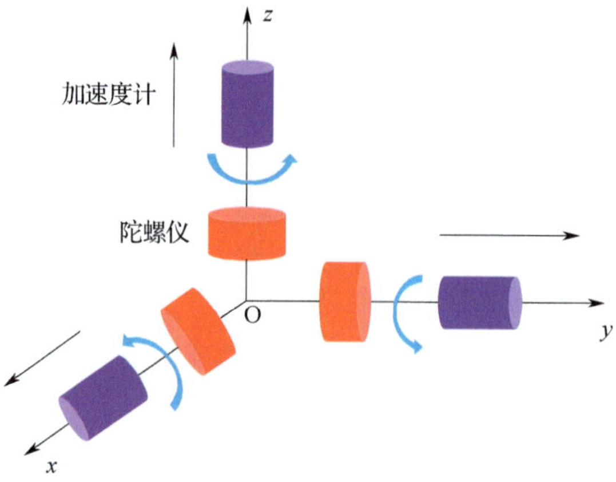

图 4-1-18　IMU 内部结构

信号预处理部分对IMU输出信号进行信号调理、误差补偿，并检查输出量范围等，以使惯性传感器正常工作。

由于IMU会有一定误差，可通过适当的方法将GNSS和INS的数据进行融合，为车辆定位提供准确、实时的位置信息。

多传感器信息融合是将不同传感器对某一目标或环境特征描述的信息，综合成统一的特征表达信息的过程，如图4-1-19所示。

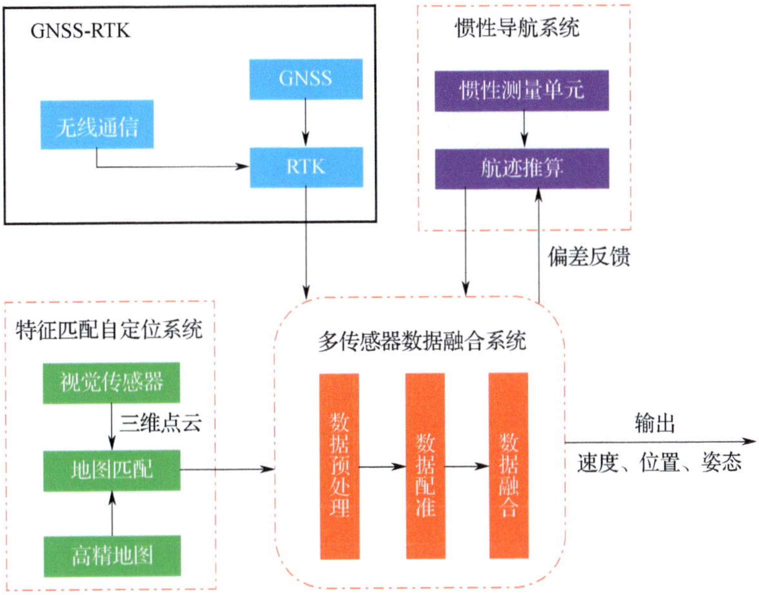

图4-1-19　多传感器数据融合

多传感器融合的数据主要包括GNSS-RTK（测量型GNSS接收机）、惯性导航系统和特征匹配自定位系统的输入数据，对这些数据进行预处理、数据配准、数据融合等处理后，输出车辆自身的速度、位置、姿态信息。

引导问题6

请查阅相关资料，总结智能驾驶汽车传感器。

______

______

______

产业传感器系统配置方案

一、各类型传感器特点汇总

车载常用传感器的特点见表4-1-3。

表 4-1-3　车载常用传感器特点汇总

指标	传感器	激光雷达	毫米波雷达	超声波传感器	摄像头
精度	探测距离	<150m	150m	<10m	<50m
	分辨率	1mm	10mm	差	差
	方向性	能达到 1°	最小 2°	90°	由镜头决定
	响应时间	快（10ms）	快（1ms）	慢（1s 左右）	一般（100ms）
	精度整体	极高	较高	高	一般
环境适应性	温度稳定性	好	好	一般	一般
	传感器脏、湿度影响	差	好	差	差
	环境适应性整体	恶劣天气适应性差；穿透力强	恶劣天气适应性强；穿透力强	恶劣天气适应性差；穿透力强	恶劣天气适应性差；穿透力差
成本		高	较高	低	一般
功能		实时建立周边环境的三维模型	自适应巡航、自动紧急制动	倒车提醒、自动泊车	车道偏离预警、前向碰撞预警、交通标志识别、全景泊车、驾驶员注意力监测
优势		精度极高，扫描周边环境实时建立三维模型的功能暂无完美替代方案	不受天气影响，探测距离远，精度高	成本低、近距离测量精度高	成本低、可识别行人和交通标志
劣势		成本高，精度会受恶劣天气影响	难以识别行人	只可探测近距	依赖光线、极端天气可能失效、难以精确测距

二、传感器选择与布置

根据智能驾驶汽车应用场景的不同，可分为行车自动驾驶和泊车自动驾驶。

由于行车和泊车运行场景有很大不同，在传感器选择上区别很大，同时，需要综合考虑各类型传感器性能、成本、布置位置等因素。

1. 传感器选择

行车主要运行工况为中高速，需要选用检测距离较远的传感器，目前应用的传感器主要有摄像头、毫米波雷达、激光雷达。

泊车运行在低速，一般选用检测距离在 10m 内的传感器，目前应用的传感器主要有超声波传感器、鱼眼摄像头。

可在数据处理上进行融合，充分利用各类型传感器优势。

2. 传感器布置原则

车辆周边可以大致划分为五大区域：正前区域 A、侧前区域 B、侧向区域 C、后向区域 D 和侧后区域 E（图 4-1-20）。

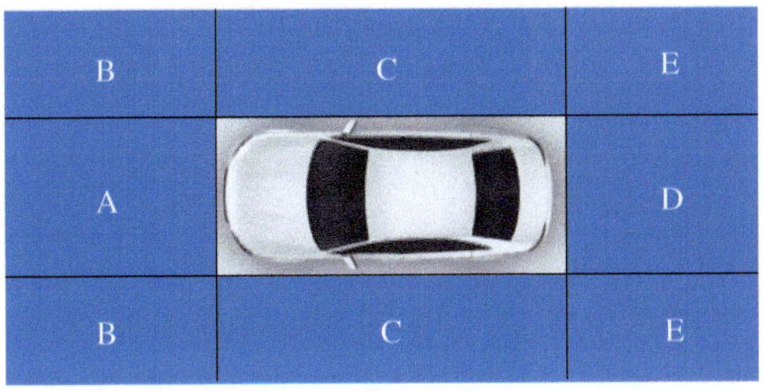

图 4-1-20　车辆周边区域划分

对于行车自动驾驶，A 区域是重中之重，布置传感器也最为丰富，最远感知距离一般需要在 200m 以上；其次是侧后区域 E 和侧前区域 B，用于变道和横穿等场景，最远感知距离一般需要在 80m 以上，如图 4-1-21 所示。

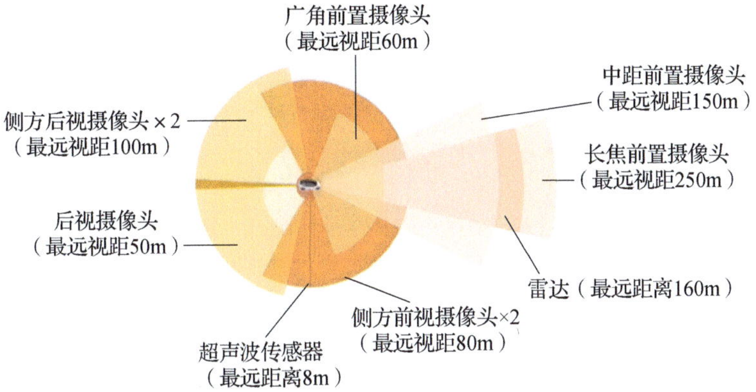

图 4-1-21　车辆传感器检测范围

对于泊车自动驾驶，需要实现车辆四周全覆盖。由于泊车时速度一般在 10km/h 内，感知距离范围在 10m 内就能满足要求。

3. 产业传感器布置方案

产业中智能驾驶传感器的布置，通常都会考虑到覆盖范围和冗余性，如图 4-1-22 所示。

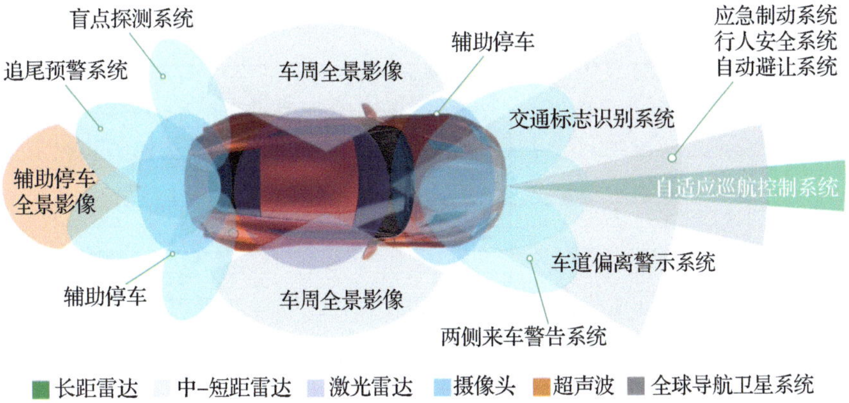

图 4-1-22　环境感知传感器在智能驾驶汽车上的应用

拓展阅读

ADAS 加速渗透驱动传感器产业发展

随着大众智能化体验需求的不断提升、政策的持续推进，汽车智能网联技术发展迅速，智能汽车市场规模及渗透率显著提升。据 RolandBerger 预计，到 2025 年，全球 L1+L2 智能驾驶功能的渗透率将达到 76%，其中 L2 功能渗透率将达到 36%。L1+L2 智能驾驶功能渗透率的快速提升带动高级驾驶辅助系统（ADAS）搭载量极大提升。

高工智能汽车研究院数据显示，2022 年 1—6 月中国市场（不含进出口）乘用车新车整体 ADAS（L0~L2）搭载率达到 46.80%；其中 L2 级 ADAS 前装搭载率已达 26.64%，同比增加约 11%。据统计，预计到 2025 年，中国乘用车前视系统装配率将达到 65%。中汽协数据显示，伴随智能驾驶渗透率的持续提升，预计到 2025 年中国 ADAS 行业市场规模将达到 2250 亿元。

值得注意的是，中国本土供应商正在快速崛起。高工智能汽车研究院数据显示，在行车 ADAS 供应商份额方面，2022 年 1—6 月中国本土 Tier 1 供应商份额合计占比达到 8.89%，同比增加近 3 个百分点。

软件定义汽车已成共识，硬件是技术基石，ADAS 技术提升离不开先进的传感器。为实现汽车智能化的提升，软硬件缺一不可，优质的传感器等硬件是软件定义汽车的基础，需要更多更优质的传感器，如摄像头、毫米波雷达、激光雷达等获取更加充分和准确的感知信息，以达到性能和安全的快速提升。随着 ADAS 搭载量的快速提升，汽车传感器市场有望迎来爆发期。

任务分组

学生任务分配表

班级		组号		指导老师	
组长		学号			
组员角色分配					
信息员		学号			
操作员		学号			
记录员		学号			
安全员		学号			
任务分工					
（就组织讨论、工具准备、数据采集、数据记录、安全监督、成果展示等工作内容进行任务分工）					

工作计划

根据前面所了解的知识内容和小组内部讨论的结果，制定工作方案，落实各项工作负责人，如任务实施前的准备工作、实施中主要操作及协助支持工作、实施过程中相关要点及数据的记录工作等。

工作计划表

步骤	工作内容	负责人
1		
2		
3		
4		
5		
6		
7		
8		

进行决策

1）各组派代表阐述资料查询结果。
2）各组就各自的查询结果进行交流，并分享技巧。
3）教师结合各组完成的情况进行点评，选出最佳方案。

任务实施

查找资料，了解当前最新发布的至少三款车型的传感器配置方案。

调研分析智能驾驶传感器的解决方案实训工单	
记录	完成情况
第一款车型	已完成□　未完成□
1）型号： 2）上市时间： 3）传感器布置方案： 4）ADAS 功能：	
第二款车型	已完成□　未完成□
1）型号： 2）上市时间： 3）传感器布置方案： 4）ADAS 功能：	

（续）

调研分析智能驾驶传感器的解决方案实训工单	
记录	完成情况
第三款车型	已完成□　未完成□
1）型号：____ 2）上市时间：____ 3）传感器布置方案：____ ____ 4）ADAS 功能：____ ____	

评价反馈

1）各组代表展示汇报 PPT，介绍任务的完成过程。

2）以小组为单位，对各组的操作过程与操作结果进行自评和互评，并将结果填入综合评价表中的小组评价部分。

3）教师对学生工作过程与工作结果进行评价，并将评价结果填入综合评价表中的教师评价部分。

综合评价表

班级		组别		姓名		学号	
实训任务							
评价项目		评价标准				分值	得分
小组评价	计划决策	制定的工作方案合理可行，小组成员分工明确				10	
	任务实施	能够讲述产业中第一种车型的传感器布置方案与对应驾驶辅助功能				20	
		能够讲述产业中第二种车型的传感器布置方案与对应驾驶辅助功能				20	
		能够讲述产业中第三种车型的传感器布置方案与对应驾驶辅助功能				20	
	任务达成	能按照工作方案操作，按计划完成工作任务				10	
	工作态度	认真严谨、积极主动，安全生产，文明施工				10	
	团队合作	小组组员积极配合、主动交流、协调工作				5	
	6S 管理	完成竣工检验、现场恢复				5	
	小计					100	
教师评价	实训纪律	不出现无故迟到、早退、旷课现象，不违反课堂纪律				10	
	方案实施	严格按照工作方案完成任务实施				20	
	团队协作	任务实施过程互相配合，协作度高				20	
	工作质量	能准确完成任务实施的内容				20	
	工作规范	操作规范，三不落地，无意外事故发生				10	
	汇报展示	能准确表达、总结到位、改进措施可行				20	
	小计					100	
综合评分	小组评价分 ×50%+ 教师评价分 ×50%						

（续）

总结与反思
（如：学习过程中遇到什么问题→如何解决的 / 解决不了的原因→心得体会）

任务二 完成激光雷达的接入

学习目标

- 了解激光雷达传感器接入原理。
- 了解基于 MDC 300F 的激光雷达接入方法。
- 了解 MDC 300F 的激光雷达接入接口信息。
- 了解激光雷达接入步骤。
- 掌握基于 MDC 300F 的激光雷达接入与调试的能力，培养勤于实践的能力。

知识索引

情境导入

某传统汽车企业决定与华为合作生产智能驾驶汽车，你作为传感器工程师，需要完成传感器接入华为 MDC 300F 的任务。首先需要接入的是激光雷达。

获取信息

引导问题 1

请查阅相关资料，简述激光雷达的接入原理。

____

____

____

激光雷达接入原理

视场角（Field of View，FOV）指的是在一般环境中，相机可以接收影像的角度范围。

LiDAR 抽象程序根据设置的 FOV，对 FOV 视场范围内的激光雷达原始数据进行从极坐标到笛卡儿坐标的转换，并结合点云补偿数据，在 MDC 系统内通过 CM（Adaptive AUTOSAR 中指定的通信模块）发布转换后的点云数据，为自动驾驶业务提供周围三维立体的高精度点云数据，如图 4-2-1 所示。

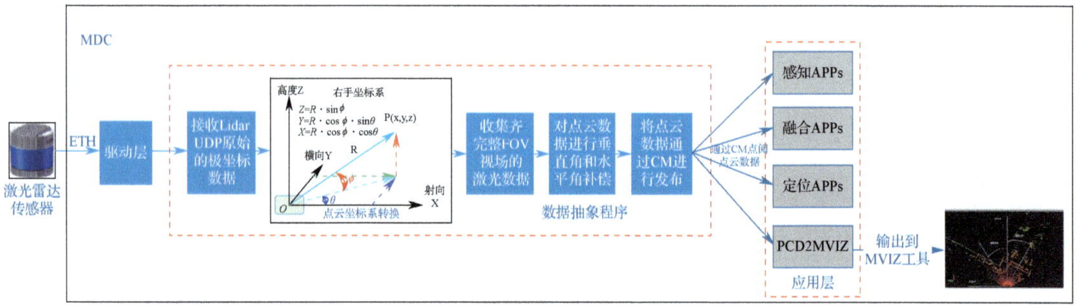

图 4-2-1　激光雷达接入原理图

引导问题 2

请查阅相关资料，简述激光雷达的接入步骤。

____

____

____

基于 MDC 300F 的激光雷达接入

一、激光雷达接入接口信息

由于当前商用的激光雷达大多是通用以太接口，而 MDC 300F 是车载以太接口，所以需要通过 MTB 300 转接盒将通用以太接口转换为车载以太接口，同时实现多路转发时间信息和时间同步信息，让 MDC 300F 适配于多种场景，如图 4-2-2 所示。

MDC 300F 配备 2 条 4 转 4 车载以太线缆，它是一种 4 合 1 双母头车载以太同轴线缆，用于对接 MDC 300F 和 MTB 300 转接盒，实现激光雷达（通用以太接口）的接入。鸿鹄 S3 上的激光雷达连接 MTB 通用以太接口 3，激光雷达可被检出的 IP 地址应该设置为 192.168.11.200，完成接线后，运行设备，雷达数据通过 MTB 再传输到 MDC 上，经过处理后在上位机显示点云图像。以禾赛 Pandar40P 激光雷达为例，MDC 300F 系列设备最大支持 5 路 Pandar40P 激光雷达。

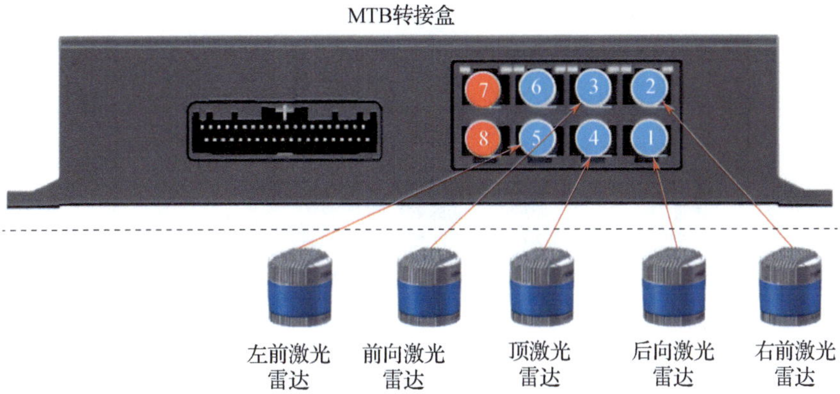

图 4-2-2 MTB 及激光雷达组网方式

二、激光雷达接入步骤

本实训选用了鸿鹄 S3 智能驾驶创新应用平台作为实训载体，如图 4-2-3 所示。调试鸿鹄 S3 智能驾驶创新应用平台的激光雷达，将其接入 MDC 300F 并能够通过上位机的 MViz 查看生成的点云图像。

图 4-2-3 鸿鹄 S3 上的激光雷达安装位置

实现步骤：

1）设置激光雷达 IP 地址。

2）配置上位机地址。

3）启动 LiDAR 二进制文件。

4）打开 MViz。

5）显示点云图像。

任务分组

学生任务分配表

<table>
<tr><td>班级</td><td></td><td>组号</td><td></td><td>指导老师</td><td></td></tr>
<tr><td>组长</td><td></td><td>学号</td><td colspan="3"></td></tr>
<tr><td colspan="6">组员角色分配</td></tr>
<tr><td>信息员</td><td></td><td>学号</td><td colspan="3"></td></tr>
<tr><td>操作员</td><td></td><td>学号</td><td colspan="3"></td></tr>
<tr><td>记录员</td><td></td><td>学号</td><td colspan="3"></td></tr>
<tr><td>安全员</td><td></td><td>学号</td><td colspan="3"></td></tr>
<tr><td colspan="6">任务分工</td></tr>
<tr><td colspan="6">（就组织讨论、工具准备、数据采集、数据记录、安全监督、成果展示等工作内容进行任务分工）</td></tr>
</table>

工作计划

根据前面所了解的知识内容和小组内部讨论的结果，制定工作方案，落实各项工作负责人，如任务实施前的准备工作、实施中主要操作及协助支持工作、实施过程中相关要点及数据的记录工作等。

工作计划表

步骤	工作内容	负责人
1		
2		
3		
4		
5		

进行决策

1）各组派代表阐述资料查询结果。

2）各组就各自的查询结果进行交流，并分享技巧。

3）教师结合各组完成的情况进行点评，选出最佳方案。

任务实施

扫描右侧二维码，了解基于鸿鹄 S3 智能驾驶创新应用平台上 MDC 300F 接入激光雷达的方法。

MDC 300F 接入激光雷达

参考操作视频，按照规范作业要求完成基于 MDC 300F 的激光雷达接入实训，完成任务并记录工单。

基于 MDC 300F 激光雷达接入实训工单

序号	步骤	完成情况
一、设置激光雷达 IP 地址		
1	通过网线将上位机和鸿鹄 S3 上的激光雷达转接盒连接在一起	已完成□ 未完成□
2	鸿鹄 S3 上电，打开感知和决策模块	已完成□ 未完成□
3	打开计算机上的 Wireshark 软件进行抓包，双击以太网查看捕获情况	已完成□ 未完成□
4	查看抓包情况	已完成□ 未完成□
5	在“网络和 Internet”设置窗口里设置上位机以太 IP 和子网掩码	已完成□ 未完成□
6	在 Wireshark 中查看上位机与激光雷达通信状态	已完成□ 未完成□
7	在 RSView 中查看激光雷达生成的点云图	已完成□ 未完成□
8	设置通信端口：MSOP、DIFOP	已完成□ 未完成□
9	加载点云数据	已完成□ 未完成□
10	显示点云图像	已完成□ 未完成□
11	在 RS_LiDAR Information 中获取数据，设置激光雷达地址和上位机地址	已完成□ 未完成□
12	关掉软件，拔掉网线，将激光雷达和 MTB 相连、上位机和 MDC 相连，将上位机的 IP 地址设置为原始数值	已完成□ 未完成□
二、配置上位机地址		
1	鸿鹄 S3 上电，打开感知和决策模块	已完成□ 未完成□
2	打开 Ubuntu 终端，通过 ssh 连接 MDC，切换为 root 用户	已完成□ 未完成□
3	登录 MDC 之后切换 root 用户	已完成□ 未完成□
4	修改 viz_address.conf 配置文件，写入 MViz 的 IP 地址和端口号	已完成□ 未完成□
三、启动 LiDAR 二进制文件		
1	双击 Xftp 7，打开数据传输软件	已完成□ 未完成□
2	新建 MDC 会话，设置主机 IP、端口后连接	已完成□ 未完成□
3	输入账号密码	已完成□ 未完成□

（续）

基于 MDC 300F 激光雷达接入实训工单		
序号	步骤	完成情况
4	拖动编译好的 LiDAR 二进制文件夹传输到 MDC 的 “uploads” 文件中	已完成□　未完成□
5	使用 SSH 工具以 root 用户登录 MDC	已完成□　未完成□
6	给 LiDARC16View 文件最高权限后执行	已完成□　未完成□
四、打开 MViz		
1	打开 XLaunch，设置展示参数为 0	已完成□　未完成□
2	输入 roscore，启动 ros 服务	已完成□　未完成□
3	进入 MViz 所在路径	已完成□　未完成□
4	运行 MViz，选择上位机对应的 IP 地址后通信	已完成□　未完成□
五、显示点云图像		
1	打开 create visualization 窗口	已完成□　未完成□
2	单击 PointCloud2 打开插件查看点云图像	已完成□　未完成□
3	更改 Global OPtions 为 “/lidar_roof_node”	已完成□　未完成□
4	显示点云图像	已完成□　未完成□
5	修改 Size 等参数，个性化显示点云图像	已完成□　未完成□

评价反馈

1）各组代表展示汇报 PPT，介绍任务的完成过程。

2）以小组为单位，对各组的操作过程与操作结果进行自评和互评，并将结果填入综合评价表中的小组评价部分。

3）教师对学生工作过程与工作结果进行评价，并将评价结果填入综合评价表中的教师评价部分。

综合评价表

班级		组别		姓名		学号	
实训任务							
评价项目		评价标准				分值	得分
小组评价	计划决策	制定的工作方案合理可行，小组成员分工明确				10	
	任务实施	能够正确检查并设置实训工位				10	
		完成基于 MDC 300F 的激光雷达接入实训				50	
	任务达成	能按照工作方案操作，按计划完成工作任务				10	
	工作态度	认真严谨、积极主动，安全生产，文明施工				10	
	团队合作	小组组员积极配合、主动交流、协调工作				5	
	6S 管理	完成竣工检验、现场恢复				5	
	小计					100	

（续）

评价项目		评价标准	分值	得分
教师评价	实训纪律	不出现无故迟到、早退、旷课现象，不违反课堂纪律	10	
	方案实施	严格按照工作方案完成任务实施	20	
	团队协作	任务实施过程互相配合，协作度高	20	
	工作质量	能准确完成激光雷达的接入任务	20	
	工作规范	操作规范，三不落地，无意外事故发生	10	
	汇报展示	能准确表达、总结到位、改进措施可行	20	
	小计		100	
综合评分	小组评价分 ×50%+ 教师评价分 ×50%			
总结与反思				
（如：学习过程中遇到什么问题→如何解决的 / 解决不了的原因→心得体会）				

任务三　完成惯性测量单元传感器的接入

学习目标

- 了解组合导航接入工作原理。
- 了解 IMU 接入接口信息。
- 掌握 IMU 接入步骤。
- 具备基于 MDC 300F 的 IMU 传感器接入的能力，了解真实的工作任务，明确职业定位。

知识索引

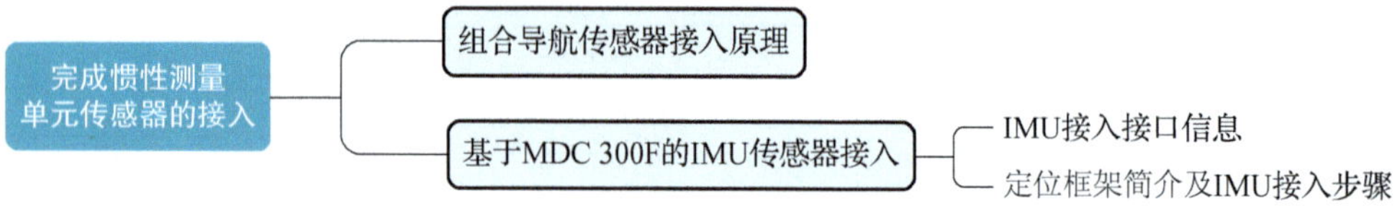

情境导入

某传统汽车企业决定与华为合作生产智能驾驶汽车，你作为传感器工程师，需要完成传感器接入华为 MDC 300F 的任务。激光雷达已经接入完成，接下来需要接入的是 IMU。

获取信息

引导问题 1

请查阅相关资料，简述组合导航传感器的接入原理。

____

____

____

组合导航传感器接入原理

GPS/IMU 传感器抽象程序对组合定位传感器原始数据进行坐标转换、单位转换和物理量计算等抽象操作，并通过 CM 在 MDC 系统内发布主题消息，为定位和融合等自动驾驶业务提供精准的定位信息数据，如图 4-3-1 所示。

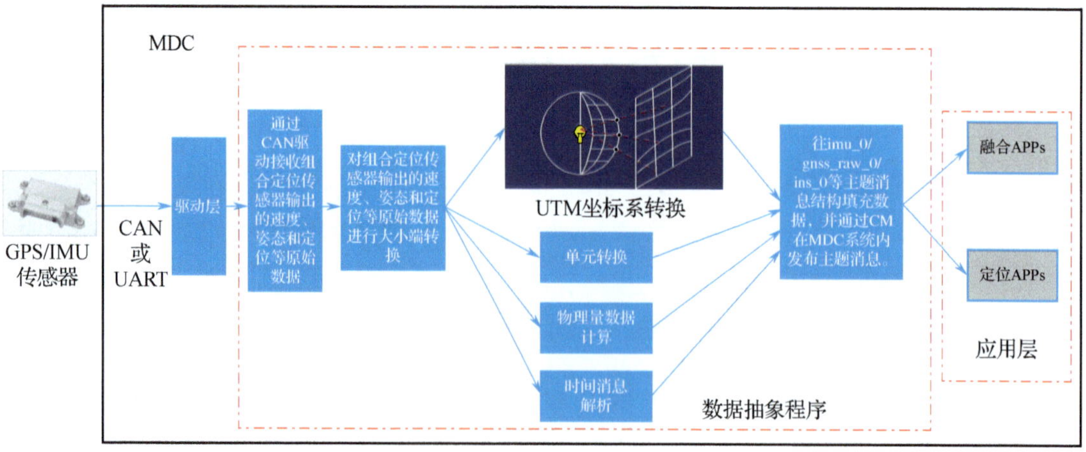

图 4-3-1　组合导航传感器接入原理图

引导问题 2

请查阅相关资料，简述 IMU 传感器的接入步骤。

____

____

____

基于 MDC 300F 的 IMU 传感器接入

一、IMU 接入接口信息

组合导航传感器接入组网如图 4-3-2 所示。

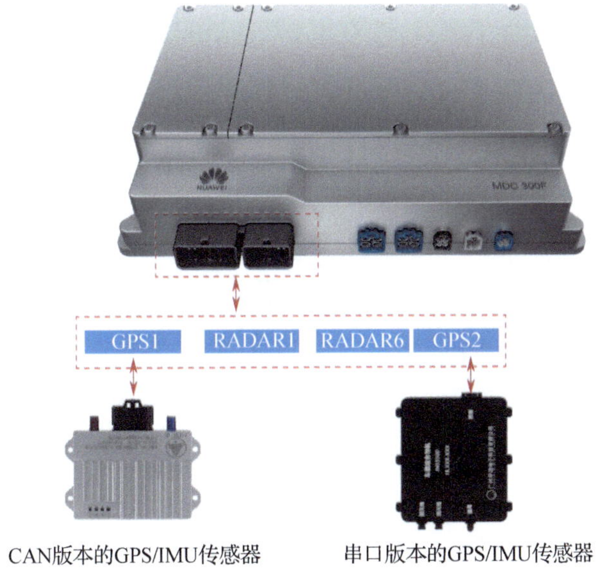

图 4-3-2　组合导航传感器接入组网图

在 80P 低速插接器管脚中，P20 和 P28 管脚接 IMU，具体定义内容见表 4-3-1。

表 4-3-1　IMU 接入管脚信息表

管脚	模块名	信号类型	型号名	电平类型	速率 / 电流	I/O	功能说明
P20	GPS+IMU	CAN FD	CAN_GPS_H_0	2.5V/3.5V	2Mbit/s	I/O	用于 GPS/IMU（预留）模块接入。该 CAN 总线在 MDC 300F 有内部终端电阻
P28			CAN_GPS_L_0	1.5V/2.5V	2Mbit/s		
P31		PPS	PPS_GPS_CPLD_IN	3.3V	1Hz	I	输入 MDC 的同步信号
P11			PGND_ISO	0V	—	-	GPS 设备的串口和 PPS 的接地

（续）

管脚	模块名	信号类型	型号名	电平类型	速率 / 电流	I/O	功能说明
P24	GPS+ IMU	UART	RS232_MCU_ GPS_TX	-15~-3V （逻辑 1） +3~+15V （逻辑 0）	9600 Baud/s	I/O	GPRMC 信号
P32			RS232_GPS_ MCU_RX				

二、定位框架简介及 IMU 接入步骤

1. Location 组合定位框架

IMU 接入需要使用华为自配置 ADSF 框架提供的 Location 组合定位框架，包含以下功能：接收底盘发送的数据，接收匹配定位节点发送的数据，接收 GNSS 抽象发送的数据，接收 IMU 抽象发送的数据，接收 INS 抽象发送的数据，接收 lidarSlam 定位节点发送的数据，接收 visualSlam 定位节点发送的数据，接收 odometry 定位节点发送的数据，发送组合定位信息。提供的文件列表见表 4-3-2。

表 4-3-2　Location 框架提供文件列表

文件名	位置	说明
CMakeLists.txt	location/	模块编译配置文件
Config.yaml	location/	模块配置文件
start.sh	location/	模块执行脚本
main.cpp	location/src	模块源文件——主函数入口
location.h	location/src	模块头文件——声明 Location 类
location.cpp	location/src	模块源文件——实现 Location 类

本实训主要使用 Location 组合定位框架的接收 IMU 抽象发送的数据功能，查看 IMU 数据。

2.IMU 接入步骤

本实训选用鸿鹄 S3 智能驾驶创新应用平台作为实训载体。调试鸿鹄 S3 智能驾驶创新应用平台的 IMU，IMU 数据在 CAN 数据通路上传输，发送给 MDC，IMU 数据发布频率由具体传感器而定，如图 4-3-3 所示。

图 4-3-3　鸿鹄 S3 上的 IMU 安装位置

实现步骤：

1）编译 IMU 抽象工程和 Location 组合定位框架工程。
2）部署 IMU 抽象程序和 Location 组合定位框架。
3）指定 CM 配置文件路径，运行 IMU 抽象程序。
4）运行 Location 组合定位框架，查看 IMU 数据。

任务分组

学生任务分配表

班级		组号		指导老师	
组长		学号			
组员角色分配					
信息员		学号			
操作员		学号			
记录员		学号			
安全员		学号			
任务分工					
（就组织讨论、工具准备、数据采集、数据记录、安全监督、成果展示等工作内容进行任务分工）					

工作计划

根据前面所了解的知识内容和小组内部讨论的结果，制定工作方案，落实各项工作负责人，如任务实施前的准备工作、实施中主要操作及协助支持工作、实施过程中相关要点及数据的记录工作等。

工作计划表

步骤	工作内容	负责人
1		
2		
3		
4		
5		
6		
7		
8		

进行决策

1）各组派代表阐述资料查询结果。

2）各组就各自的查询结果进行交流，并分享技巧。

3）教师结合各组完成的情况进行点评，选出最佳方案。

任务实施

扫描右侧二维码，了解基于鸿鹄 S3 智能驾驶创新应用平台上 MDC 300F 接入 IMU 的方法。

MDC 300F 接入 IMU 惯性测量单元传感器

参考操作视频，按照规范作业要求完成基于 MDC 300F 的 IMU 接入实训，完成任务并记录工单。

基于 MDC 300F 的 IMU 传感器接入实训工单		
序号	步骤	完成情况
	一、编译 IMU 抽象工程和 Location 组合定位框架工程	
1	将准备好的 imu_cm 压缩文件解压	已完成□　未完成□
2	将准备好的 MDC300_Sample-1.0.106.2.tar 压缩文件解压	已完成□　未完成□
3	打开 MDS，选择常用的 Workspace	已完成□　未完成□
4	打开 MDS，在界面上方菜单栏中选择“File > Import...”	已完成□　未完成□
5	在“Import”弹窗选择“MDC > Import as a MDC Project”，单击“Next”	已完成□　未完成□
6	单击“Browse...”，选择待导入工程文件“imu_cm”，单击“Open”	已完成□　未完成□
7	在“Select SDK”区域选择“gcc-linux-aarch64-/usr/local/ubuntu_crossbuild_devkit”，单击“Finish”	已完成□　未完成□
8	导入 imu_cm 工程，单击编译	已完成□　未完成□
9	完成编译后，找到二进制程序 ImuProcess 和 CM 配置文件 InsCmHostProcess	已完成□　未完成□
10	导入 Location 组合定位框架工程，只需要保留“location”模型，其他删除	已完成□　未完成□
11	编译 Location 组合定位框架工程	已完成□　未完成□
12	找到编译生成的二进制框架程序 location	已完成□　未完成□
	二、部署 IMU 抽象程序和 Location 组合定位框架	
1	鸿鹄 S3 上电，打开感知和决策模块	已完成□　未完成□
2	双击 Xftp 7，打开数据传输软件	已完成□　未完成□
3	新建 MDC 会话，输入主机 IP、端口	已完成□　未完成□
4	双击 MDC 会话，进行连接	已完成□　未完成□
5	输入账号、密码	已完成□　未完成□
6	将编译好的 imu_cm 工程中的二进制程序 ImuProcess 和 CM 配置文件 InsCmHostProcess 复制到 MDC 上，完成 imu_cm 部署	已完成□　未完成□

（续）

基于 MDC 300F 的 IMU 传感器接入实训工单		
序号	步骤	完成情况
7	进入 /mnt/d/HCIA-MDC/3-sample/MDC300_Sample-1.0.106.2/ADSFI_Sample 目录，打包编译完成的工程，得到 ADSFI_Sample\adsf_sample\location	已完成□ 未完成□
8	将打包好的 location 复制到 MDC 上，完成 location 的部署	已完成□ 未完成□
三、指定 CM 配置文件路径，运行 IMU 抽象程序		
1	登录 MDC 切换 root 用户	已完成□ 未完成□
2	进入 /home/sftpuser/uploads 目录，运行 CM 配置文件 InsCmHostProcess	已完成□ 未完成□
3	给二进制程序 ImuProcess 最高权限并执行	已完成□ 未完成□
4	重开一个终端，登录 MDC，切换 root 用户，运行组合定位框架二进制程序 location	已完成□ 未完成□
四、运行 Location 组合定位框架，查看 IMU 数据		
1	打开 ADSFI_Sample\modules\location\src\location.cpp，根据自己的需求选择对应的参数打印出来，修改 C++ 代码	已完成□ 未完成□
2	修改源代码之后再次编译，将编译后的代码部署到 MDC 上，再次运行，可以看到相关的参数被打印出来	已完成□ 未完成□

评价反馈

1）各组代表展示汇报 PPT，介绍任务的完成过程。

2）以小组为单位，对各组的操作过程与操作结果进行自评和互评，并将结果填入综合评价表中的小组评价部分。

3）教师对学生工作过程与工作结果进行评价，并将评价结果填入综合评价表中的教师评价部分。

综合评价表

班级		组别		姓名		学号	
实训任务							
评价项目		评价标准				分值	得分
小组评价	计划决策	制定的工作方案合理可行，小组成员分工明确				10	
	任务实施	完成基于 MDC 300F 的 IMU 传感器接入				50	
		能够规范填写任务工单				10	
	任务达成	能按照工作方案操作，按计划完成工作任务				10	
	工作态度	认真严谨、积极主动，安全生产，文明施工				10	
	团队合作	小组组员积极配合、主动交流、协调工作				5	
	6S 管理	完成竣工检验、现场恢复				5	
	小计					100	

（续）

评价项目		评价标准	分值	得分
教师评价	实训纪律	不出现无故迟到、早退、旷课现象，不违反课堂纪律	10	
	方案实施	严格按照工作方案完成任务实施	20	
	团队协作	任务实施过程互相配合，协作度高	20	
	工作质量	能准确完成任务实施的内容	20	
	工作规范	操作规范，三不落地，无意外事故发生	10	
	汇报展示	能准确表达、总结到位、改进措施可行	20	
	小计		100	
综合评分	小组评价分 ×50%+ 教师评价分 ×50%			
总结与反思				
（如：学习过程中遇到什么问题→如何解决的 / 解决不了的原因→心得体会）				

任务四　完成毫米波雷达的接入

学习目标

- 了解毫米波雷达的接入原理。
- 了解毫米波雷达接入接口信息。
- 掌握毫米波雷达接入步骤。
- 掌握基于 MDC 300F 的毫米波雷达接入能力，了解真实的工作任务，明确职业定位。

知识索引

情境导入

某传统汽车企业决定与华为合作生产智能驾驶汽车，你作为传感器工程师，需要完成传感器接入华为 MDC 300F 的任务。你的同事已经完成激光雷达和 IMU 接入的任务，需要你完成毫米波雷达的接入。

获取信息

引导问题

请查阅相关资料，简述毫米波雷达的接入步骤。

______

______

______

基于 MDC 300F 的毫米波雷达接入

一、毫米波雷达接入接口信息

在 80P 低速插接器管脚中，对接毫米波雷达的管脚序号及具体定义内容见表 4-4-1。

表 4-4-1　毫米波雷达管脚信息表

管脚	模块名	信号类型	型号名	电平类型	速率	I/O	功能说明
P69	毫米波雷达	CAN FD /CAN	CAN_MCU_MWRADAR_H_3	2.5V/3.5V	2Mbit/s/500kbit/s	I/O	用于毫米波雷达接入。该 CAN 总线在 MDC 300F 有内部终端电阻
P70			CAN_MCU_MWRADAR_L_3	1.5V/2.5V	2Mbit/s/500kbit/s	I/O	
P59			CAN_MCU_MWRADAR_H_4	2.5V/3.5V	2Mbit/s/500kbit/s	I/O	
P60			CAN_MCU_MWRADAR_L_4	1.5V/2.5V	2Mbit/s/500kbit/s	I/O	
P71			CAN_MCU_MWRADAR_H_5	2.5V/3.5V	2Mbit/s/500kbit/s	I/O	
P72			CAN_MCU_MWRADAR_L_5	1.5V/2.5V	2Mbit/s/500kbit/s	I/O	
P33			CAN_MCU_MWRADAR_H_6	2.5V/3.5V	2Mbit/s/500kbit/s	I/O	
P34			CAN_MCU_MWRADAR_L_6	1.5V/2.5V	2Mbit/s/500kbit/s	I/O	

（续）

管脚	模块名	信号类型	型号名	电平类型	速率	I/O	功能说明
P45	毫米波雷达	CAN FD /CAN	CAN_MCU_MWRADAR_H_7	2.5V/3.5V	2Mbit/s/500kbit/s	I/O	用于毫米波雷达接入。该 CAN 总线在 MDC 300F 有内部终端电阻
P46			CAN_MCU_MWRADAR_L_7	1.5V/2.5V	2Mbit/s/500kbit/s	I/O	
P57			CAN_MCU_MWRADAR_H_8	2.5V/3.5V	2Mbit/s/500kbit/s	I/O	
P58			CAN_MCU_MWRADAR_L_8	1.5V/2.5V	2Mbit/s/500kbit/s	I/O	

二、毫米波雷达接入步骤

1. 认识实训硬件设备

本实训选用鸿鹄 S5 智能驾驶培训认证平台套件作为实训载体，如图 4-4-1 所示。平台各模块如图 4-4-2 所示。

图 4-4-1　鸿鹄 S5 智能驾驶培训认证平台套件

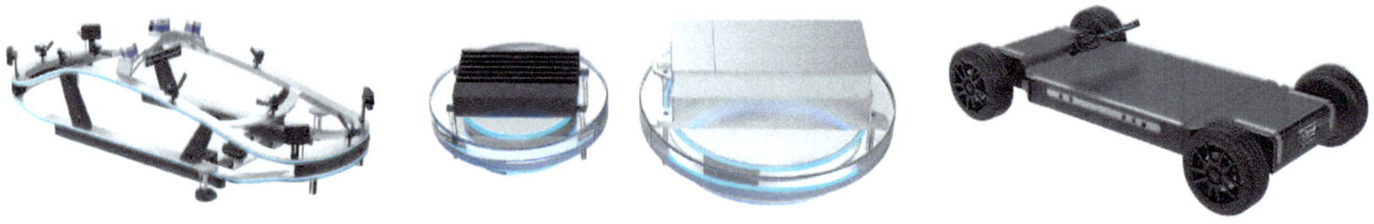

a）传感器支架　　b）决策中心　　c）四轮毂底盘

图 4-4-2　各模块

1）传感器支架：3 颗 16 线激光雷达，8 颗 GLSM 接口单目摄像头，5 颗毫米波雷达、12 颗超声波传感器、1 颗 6 轴阵列轴姿态传感器、线控转向同步转向盘。

2）决策中心：工业级 4G 无线路由器、华为 MDC 300F、转接盒 MTB 300。

3）四轮毂底盘部件组成：电机控制板、电源控制板装载盒、四轮毂电机底盘、电池 + 电量检测显示屏。

2. 接入步骤

鸿鹄 S5 上的毫米波雷达安装位置如图 4-4-3 所示。

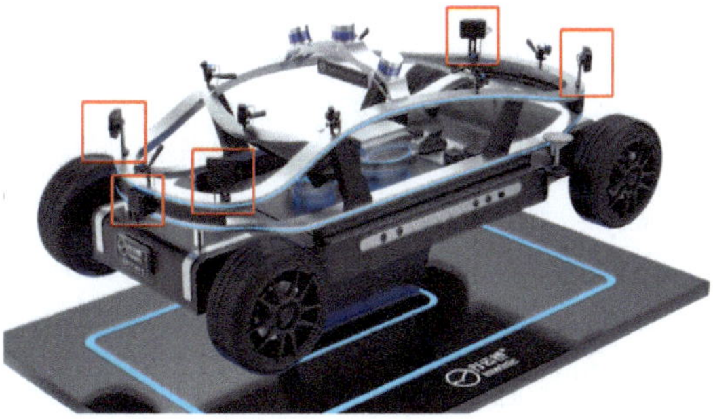

图 4-4-3　鸿鹄 S5 上的毫米波雷达安装位置

调试鸿鹄 S5 智能驾驶培训认证平台套件的毫米波雷达，毫米波数据在 CAN 数据通路上传输，发送给 MDC 300F，通过 MViz 可视化工具查看毫米波雷达检测到的数据。

实现步骤：

1）将毫米波雷达接入 MDC 300F。

2）启动毫米波雷达抽象。

3）启动毫米波雷达可视化插件。

毫米波雷达可视化数据模式：MDC 300F 支持接入 6 路 ARS408 毫米波雷达，ARS408 毫米波雷达中 Object 模式对应 Track，Cluster 模式对应 Detect，其中 S5 接入的 5 路毫米波雷达中，前方 3 路毫米波雷达模式为 Cluster，对应的 MDC 可视化 Radar 传感器数据为 Detect 模式；后方 2 路毫米波雷达模式为 Object，对应的 MDC 可视化 Radar 传感器数据为 Track 模式。

任务分组

学生任务分配表

班级		组号		指导老师	
组长		学号			
组员角色分配					
信息员		学号			
操作员		学号			
记录员		学号			
安全员		学号			
任务分工					
（就组织讨论、工具准备、数据采集、数据记录、安全监督、成果展示等工作内容进行任务分工）					

工作计划

根据前面所了解的知识内容和小组内部讨论的结果，制定工作方案，落实各项工作负责人，如任务实施前的准备工作、实施中主要操作及协助支持工作、实施过程中相关要点及数据的记录工作等。

工作计划表

步骤	工作内容	负责人
1		
2		
3		
4		
5		
6		
7		
8		

进行决策

1）各组派代表阐述资料查询结果。

2）各组就各自的查询结果进行交流，并分享技巧。

3）教师结合各组完成的情况进行点评，选出最佳方案。

任务实施

扫描右侧二维码，了解基于鸿鹄 S5 智能驾驶培训认证平台套件上 MDC 300F 接入毫米波雷达的方法。

MDC 300F 接入毫米波雷达

参考操作视频，按照规范作业要求完成基于 MDC 300F 的毫米波雷达接入实训，完成任务并记录工单。

基于 MDC 300F 的毫米波雷达接入工单		
序号	步骤	完成情况
一、启动毫米波雷达抽象		
1	鸿鹄 S5 上电，打开 MDC 开关和毫米波雷达开关	已完成□　未完成□
2	打开 Ubuntu 终端，登录 MDC 的 Host，切换至 root 用户	已完成□　未完成□
3	执行命令，确认毫米波雷达抽象服务是否启动，检查数据通路是否正常	已完成□　未完成□

（续）

基于 MDC 300F 的毫米波雷达接入工单		
序号	步骤	完成情况
二、启动毫米波雷达可视化插件，查看数据		
1	在 MDC 上执行命令，运行 radar_mviz 程序	已完成□　未完成□
2	启动 ROS 节点，打开 XLaunch	已完成□　未完成□
3	登录 MDC，切换 root 用户，将上位机 IP 添加到配置文件中，并检查是否添加完整	已完成□　未完成□
4	启动 MViz	已完成□　未完成□
5	在 MViz 上单击“Add”，单击“By topic”查看 MDC 上已经开启的抽象节点	已完成□　未完成□
6	选择需要可视化的 Radar 的 Detect 模式数据对应的 Topic 名称	已完成□　未完成□
7	配置 Fixed Frame	已完成□　未完成□
8	在 3D 区域查看 Radar 的 Detect 模式数据	已完成□　未完成□
9	选择需要可视化的 Radar 的 Track 模式数据对应的 Topic 名称	已完成□　未完成□
10	配置 Fixed Frame	已完成□　未完成□
11	在 3D 区域查看 Radar 的 Track 模式数据	已完成□　未完成□

评价反馈

1）各组代表展示汇报 PPT，介绍任务的完成过程。

2）以小组为单位，对各组的操作过程与操作结果进行自评和互评，并将结果填入综合评价表中的小组评价部分。

3）教师对学生工作过程与工作结果进行评价，并将评价结果填入综合评价表中的教师评价部分。

综合评价表

班级		组别	姓名		学号	
实训任务						
评价项目		评价标准			分值	得分
小组评价	计划决策	制定的工作方案合理可行，小组成员分工明确			10	
	任务实施	能够正确检查并设置实训工位			10	
		完成基于 MDC 300F 的毫米波雷达接入			40	
		能够规范填写任务工单			10	
	任务达成	能按照工作方案操作，按计划完成工作任务			10	
	工作态度	认真严谨、积极主动，安全生产，文明施工			10	
	团队合作	小组组员积极配合、主动交流、协调工作			5	
	6S 管理	完成竣工检验、现场恢复			5	
	小计				100	

（续）

评价项目		评价标准	分值	得分
教师评价	实训纪律	不出现无故迟到、早退、旷课现象，不违反课堂纪律	10	
	方案实施	严格按照工作方案完成任务实施	20	
	团队协作	任务实施过程互相配合，协作度高	20	
	工作质量	能准确完成任务实施的内容	20	
	工作规范	操作规范，三不落地，无意外事故发生	10	
	汇报展示	能准确表达、总结到位、改进措施可行	20	
	小计		100	
综合评分	小组评价分 ×50%+ 教师评价分 ×50%			
总结与反思				
（如：学习过程中遇到什么问题→如何解决的 / 解决不了的原因→心得体会）				

任务五　完成视觉传感器的接入

学习目标

- 了解视觉传感器接入接口信息。
- 了解视觉传感器接入规格要求。
- 掌握视觉传感器接入步骤。
- 了解视觉传感器参数配置。
- 掌握视觉传感器接入的能力，了解真实的工作任务，明确职业定位。

知识索引

- 完成视觉传感器的接入
  - 基于MDC 300F的视觉传感器接入
    - 视觉传感器接入接口信息
    - 视觉传感器接入规格要求
    - 视觉传感器接入步骤
    - 视觉传感器参数配置

情境导入

某传统汽车企业决定与华为合作生产智能驾驶汽车，你作为传感器工程师，需要完成传感器接入华为 MDC 300F 的任务。已经接入三种类型的传感器，现在需要完成视觉传感器的接入。

获取信息

引导问题

请查阅相关资料，简述视觉传感器接入的步骤。

____

____

____

基于 MDC 300F 的视觉传感器接入

一、视觉传感器接入接口信息

MDC 300F 提供 A、B、C 三个四合一摄像头接口，接口颜色分别为黑色、白色和绿色，每个四合一摄像头接口包括序号 1~4 的四个插槽，如图 4-5-1 所示。其中 A1~A4、B1~B4、C1~C3 是摄像头接口，即视频输入接口，C4 保留，一个四合一摄像头接口内的四个插槽只能同时插相同型号的 Camera。

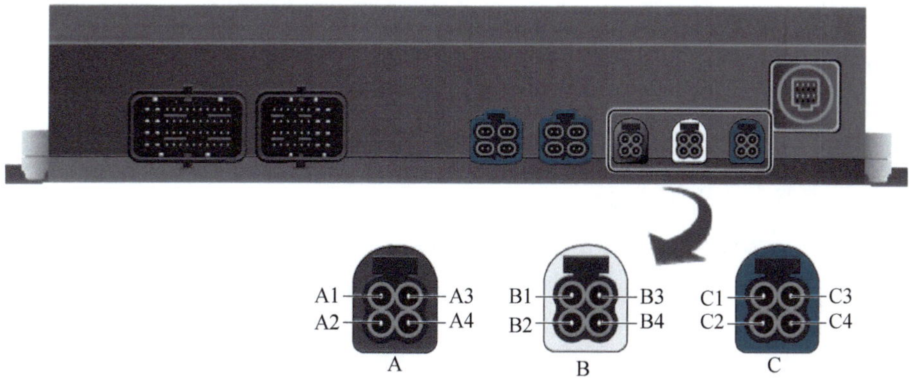

图 4-5-1　摄像头接口图

二、视觉传感器接入规格要求

四合一摄像头接口对 Camera 接入规格有限制，超出规格可能导致性能风险。

四合一摄像头接口 A 支持 4 路 1920×1080@30Hz、2 路 2880×1860@30Hz 或 2 路 3840×2160@20Hz。

四合一摄像头接口 B+C 支持 6 路 1920×1080@30Hz 或 7 路 1920×1080@20Hz。

三、视觉传感器接入步骤

调试鸿鹄 S3 的摄像头，安装位置如图 4-5-2 所示，将其接入 MDC 并能够通过上位机的 MViz 查看摄像头拍摄画面。

图 4-5-2　鸿鹄 S3 上的摄像头安装位置

实现步骤：

1）完成 Camera 基础配置文件后，下电重启 MDC 使配置生效。

2）配置上位机地址。

3）启动 camera_mviz 服务。

4）打开 MViz。

5）显示 Camera 拍摄图像。

四、视觉传感器参数配置

1. Camera 配置内容说明

1）可配置任意数量的 camera 通路。

2）每个 camera 的参数均需独立设置。

2. 配置文件路径（SSH 登录访问）

1）文件名：userConf.json。

2）路径："/opt/platform/mdc_platform/manual_service/camera_tool/conf/"。

3. 配置内容

1）SlotId：接口名称。

2）CameraModule：模组型号名称。

3）InstanceId：YUV 视频流数据输出通道 ID。

4）Fov：视场角。

5）Fps：帧率。

6）Res：分辨率。

7）IdcRatio：去畸变参数。

任务分组

学生任务分配表

班级		组号		指导老师	
组长		学号			
组员角色分配					
信息员		学号			
操作员		学号			
记录员		学号			
安全员		学号			
任务分工					
（就组织讨论、工具准备、数据采集、数据记录、安全监督、成果展示等工作内容进行任务分工）					

工作计划

根据前面所了解的知识内容和小组内部讨论的结果，制定工作方案，落实各项工作负责人，如任务实施前的准备工作、实施中主要操作及协助支持工作、实施过程中相关要点及数据的记录工作等。

工作计划表

步骤	工作内容	负责人
1		
2		
3		
4		
5		
6		
7		
8		

进行决策

1）各组派代表阐述资料查询结果。

2）各组就各自的查询结果进行交流，并分享技巧。

3）教师结合各组完成的情况进行点评，选出最佳方案。

任务实施

扫描右侧二维码，了解基于鸿鹄 S3 智能驾驶创新应用平台上 MDC 300F 接入视觉传感器的方法。

MDC 300F 接入视觉传感器

参考操作视频，按照规范作业要求完成基于 MDC 300F 的视觉传感器接入实训，完成任务并记录工单。

基于 MDC 300F 的视觉传感器接入工单		
序号	步骤	完成情况
一、完成 Camera 基础配置文件并生效		
1	鸿鹄 S3 上电，打开感知和决策模块	已完成□　未完成□
2	在 Windows 系统上打开 Ubuntu 18.04 LTS 终端，通过 ssh 连接 MDC，并切换为 root 用户	已完成□　未完成□
3	登录 MDC 之后切换 root 用户	已完成□　未完成□
4	通过编写或修改 Json 文件使 Camera 基础配置生效	已完成□　未完成□
5	打开并配置 userConf.json 文件（根据 Camera 的硬件实际连接情况）	已完成□　未完成□
6	完成配置文件的修改后，进入“/opt/platform/mdc_platform/manual_service/camera_tool/bin”目录下，解析加载配置参数	已完成□　未完成□
7	重启 MDC 使配置文件生效	已完成□　未完成□
二、配置上位机地址		
1	通过命令行启动应用前修改 viz_address.conf 配置文件，登录 MDC 切换 root 用户	已完成□　未完成□
2	将 MViz 的 IP 地址和端口号写入“viz_address.conf”文件	已完成□　未完成□
三、启动 camera MViz 服务		
1	使用 SSH 工具以 root 用户登录 MDC	已完成□　未完成□
2	启动 camera_mviz 服务	已完成□　未完成□
四、打开 MViz		
1	打开 XLaunch，为 MViz 提供界面，设置展示参数为 0	已完成□　未完成□
2	输入 roscore，启动 ros 服务	已完成□　未完成□
3	运行 MViz，选择上位机对应的 IP 地址后通信，显示 MViz 界面	已完成□　未完成□
五、显示 Camera 拍摄图像		
1	打开 create visualization 窗口	已完成□　未完成□
2	单击任意 MDC Vision 打开窗口查看图像	已完成□　未完成□
3	添加 5 个窗口，分别设置每个通道的视频输入数据	已完成□　未完成□

评价反馈

1）各组代表展示汇报 PPT，介绍任务的完成过程。

2）请以小组为单位，对各组的操作过程与操作结果进行自评和互评，并将结果填入综合评价表中的小组评价部分。

3）教师对学生工作过程与工作结果进行评价，并将评价结果填入综合评价表中的教师评价部分。

综合评价表

班级		组别		姓名		学号	
实训任务							
评价项目		评价标准				分值	得分
小组评价	计划决策	制定的工作方案合理可行，小组成员分工明确				10	
	任务实施	能够正确检查并设置实训工位				10	
		能够完成视觉传感器硬件接入				40	
		能够规范填写任务工单				10	
	任务达成	能按照工作方案操作，按计划完成工作任务				10	
	工作态度	认真严谨、积极主动，安全生产，文明施工				10	
	团队合作	小组组员积极配合、主动交流、协调工作				5	
	6S 管理	完成竣工检验、现场恢复				5	
	小计					100	
教师评价	实训纪律	不出现无故迟到、早退、旷课现象，不违反课堂纪律				10	
	方案实施	严格按照工作方案完成任务实施				20	
	团队协作	任务实施过程互相配合，协作度高				20	
	工作质量	能准确完成任务实施的内容				20	
	工作规范	操作规范，三不落地，无意外事故发生				10	
	汇报展示	能准确表达、总结到位、改进措施可行				20	
	小计					100	
综合评分	小组评价分 ×50%+ 教师评价分 ×50%						
总结与反思							
（如：学习过程中遇到什么问题→如何解决的 / 解决不了的原因→心得体会）							

能力模块五
掌握视觉目标检测算法的开发方法

任务一　调研分析智能驾驶应用的开发流程

学习目标

- 了解汽车开发模型的发展。
- 了解汽车开发瀑布模型。
- 了解瀑布模型的优缺点。
- 了解汽车开发 V 模型的流程环节和特点。
- 掌握基于华为 MDC 的 AUTOSAR AP 应用开发流程。

知识索引

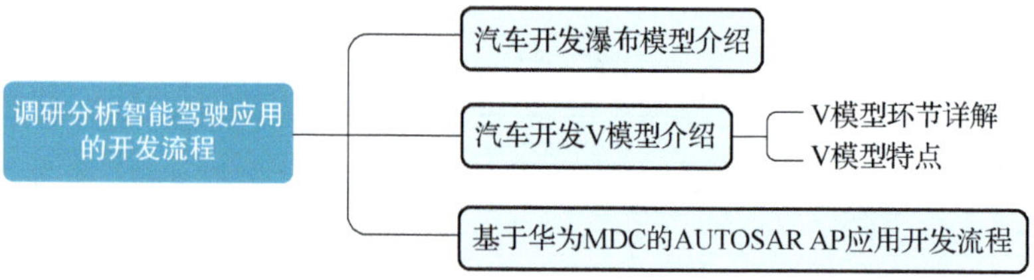

情境导入

某汽车厂商决定投资开发一款智能驾驶汽车，你作为自动驾驶开发工程师接到了这一任务，请你查阅相关资料，围绕汽车开发模型、智能驾驶应用开发流程展开小组讨论。

获取信息

引导问题 1

学过计算机软件的同学，应该都知道软件开发的模型有很多如瀑布模型、V 模型、螺旋模型、快速原型模型、增量模型、喷泉模型等。而适用于汽车软件的开发模型是怎样的呢？请查阅相关资料，简述汽车瀑布模型的特点。

____

____

____

汽车开发瀑布模型介绍

目前而言，汽车软件是嵌入式软件，汽车电气架构主要是分布式的电气架构，将汽车的功能分解到各个功能模块，由每个功能模块负责一部分功能。因此，汽车软件的复杂度，相比于 IT 软件，并没有那么大，但质量要求相对非常高。

汽车行业为了解决软件开发过程中的各种问题，先后引入了瀑布模型、V 模型。

瀑布模型是 1970 年由温斯顿·罗伊斯（Winston Royce）提出的，其将软件生命周期分为若干阶段和固定的顺序，形如瀑布流水，最终得到软件产品。直到 20 世纪 80 年代早期，瀑布模型一直是唯一被广泛采用的软件开发模型。

瀑布模型的核心思想是按工序将问题化简，将功能的实现与设计分开，便于分工协作，即采用结构化的分析与设计方法将逻辑实现与物理实现分开。瀑布模型将软件生命周期划分为制订计划、需求分析、软件设计、程序编写、软件测试和运行维护六个基本活动，并且规定了它们自上而下、相互衔接的固定次序，如同瀑布流水，逐级下落。

从图 5-1-1 可以看出，瀑布模型的过程是自上而下，下一工序基于上一工序的工

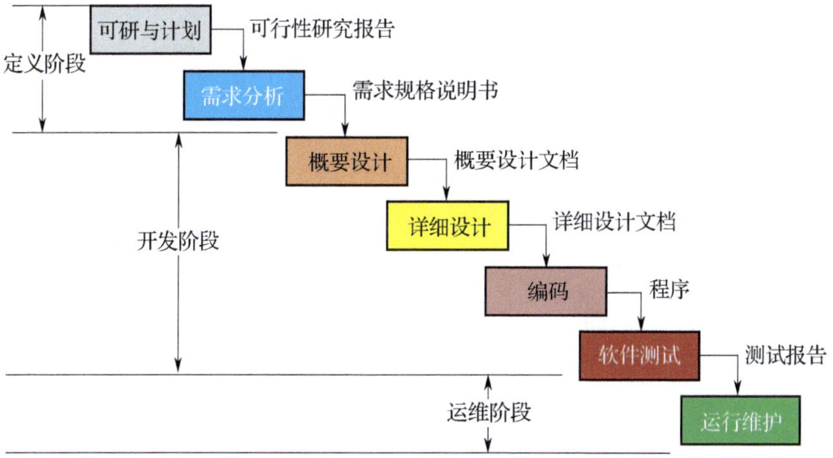

图 5-1-1　瀑布模型示意图

作结果完成任务输出结果。在开始下一工序之前，需确认上一道工序的工作结果。确认了上一道工序的工作结果，才能继续下一道工序，否则返回前一道工序，甚至更前面的工序。

因此，瀑布模型具有以下特点。

1. 优点

1）按阶段划分的检查审核，保证质量。

2）分工明确，每个工序中的人只需要关注当前工序。

3）瀑布模型可用于迭代模型。每次迭代都是一个小的瀑布模型，经过每次迭代，不断完善整个系统的功能。

4）模板化、标准化。系统分析、设计、编码、测试和支持等工序在相同的模板和标准下，朝着相同的方向前进。

2. 不足

1）各个阶段的划分完全固定，阶段之间产生大量的文档，极大地增加了工作量。

2）由于开发模型是线性的，用户只有等到整个过程的末期才能见到开发成果，从而增加了开发风险。

3）通过过多的强制完成日期和里程碑来跟踪各个项目阶段。

4）不适应用户需求的变化。

引导问题 2

请查阅相关资料，简述汽车开发 V 模型的特点。

____

____

____

汽车开发 V 模型介绍

V 模型，即 RAD（Rapid Application Development，快速应用开发），是由瀑布模型演变而来的，也是目前汽车行业运用最广的软件开发模型，如图 5-1-2 所示。

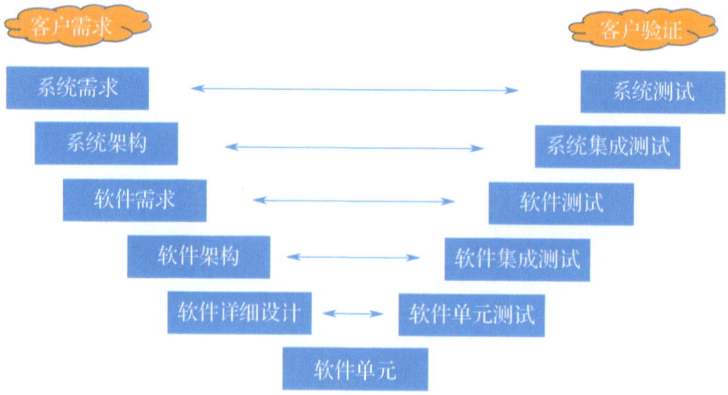

图 5-1-2　V 模型示意图

一、V 模型环节详解

1. 系统需求分析

系统需求分析需要系统工程师完成，即基于项目的整体需求，以及软硬件整体定义，对系统逻辑架构进行整体定义。这部分工作包括硬件功能定义、控制器与其他控制器通信定义、软件简要功能定义。这个过程并不会对具体的技术实现做出定义。

2. 软件需求分析

软件需求分析需要系统工程师完成，即根据项目规划，制订软件开发计划。

3. 软件架构设计

软件架构设计需要架构工程师完成。

为了建立清晰的、结构化的软件设计，应该统一分配软件需求，然后完成软件架构设计。根据系统相关需求、软硬件接口表、软件需求确定软件架构。将每条软件需求合理分配到软件模块中，定义每个软件模块的输入输出接口、动态行为、资源消耗目标等，评估多种软件架构的优缺点等。

一般来说，还需要架构工程师输出架构文档。

4. 软件详细设计

软件详细设计需要软件开发工程师完成。

在此阶段，需要对每个组件内部的算法逻辑进行详细的内部设计。组件功能的详细设计需要与软件需求建立有效的对应关系。

需要将代码经过多次代码审查和优化之后，将最终版本上传至代码库，以实现最佳的可靠性和性能。

5. 软件单元测试

软件单元测试一般需要软件开发工程师完成，也可以让测试工程师完成。

软件单元测试与软件详细设计对应。软件单元测试是根据软件详细设计，进行代码级别的测试。软件单元测试一般可以通过 Matlab 和 Tessy 等工具进行。

6. 软件测试

软件测试需要测试工程师完成。软件测试与软件需求对应。

软件测试将各个组成部分整合入一个软件系统之后，进行软件的集成测试。根据定义的需求，测试相应的功能是否满足软件需求。

7. 系统测试

系统测试需要测试工程师完成。系统测试与系统需求对应。

因为软件给各个 ECU 提供了相应的功能，因此在系统测试中，需要将软件烧录至硬件中。然后将 ECU 与其他电子系统组件集成起来，比如传感器和执行器。在接下来的系统集成测试中，对所有系统设备的交互响应进行评估。

V 模型是从上到下，从左到右，也是从下到上的开发流程。

从上到下依次分为系统需求、系统架构、软件需求、软件架构、软件详细设计、软件单元（代码）。

从左到右是指每一层级都有相对应的测试，如系统需求对应的系统测试。当系统需求环节完成，下层级的系统架构 / 软件需求环节就会开始工作，与此同时，系统测试也将开始编写测试用例和搭建测试环境。

从下到上是指测试从下往上一层层地测试。如系统测试的开始条件是系统集成测试 / 软件测试完成且无重大 bug。

自动驾驶计算平台算法开发流程如图 5-1-3 所示。

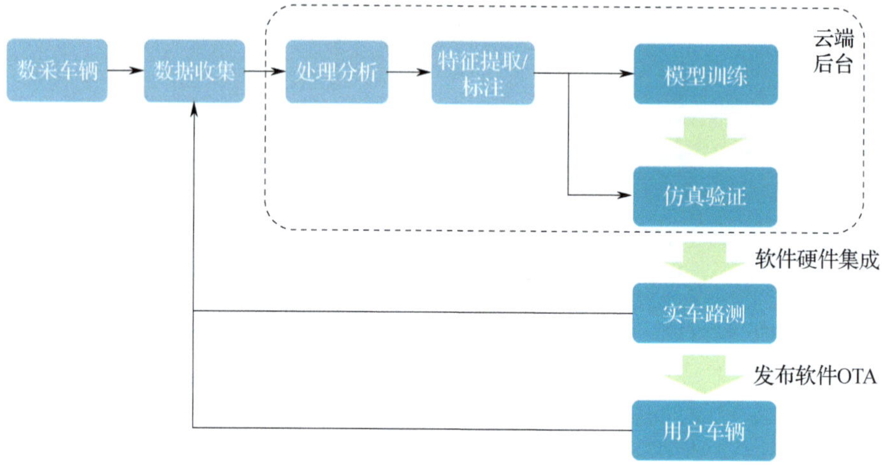

图 5-1-3　自动驾驶计算平台算法开发流程

二、V 模型特点

一方面，V 模型层层嵌套的开发流程解决了瀑布模型中严格分离很难实现的困境，软件回溯较为方便快捷。且测试提前，及早发现问题、解决问题，提高了开发效率，降低开发成本。

另一方面，V 模型和瀑布模型一样，过程中会产生大量文档，项目反应速度也越来越不能满足当前汽车日新月异的需求和快速更新换代的节奏。

当前汽车行业的公司，其技术部门组织架构 / 研发体系几乎都是参照 V 模型设置。很多汽车行业标准和规范的基石都是 V 模型，如汽车功能安全标准 ISO 26262、汽车软件过程改进及能力评定模型（Automotive Software Process Improvement and Capacity dEtermination，ASPICE）。

图 5-1-4 为基于 V 模型的汽车行业典型软件开发流程应用。

引导问题 3

请查阅相关资料，简述 AUTOSAR AP 应用开发流程。

____

____

____

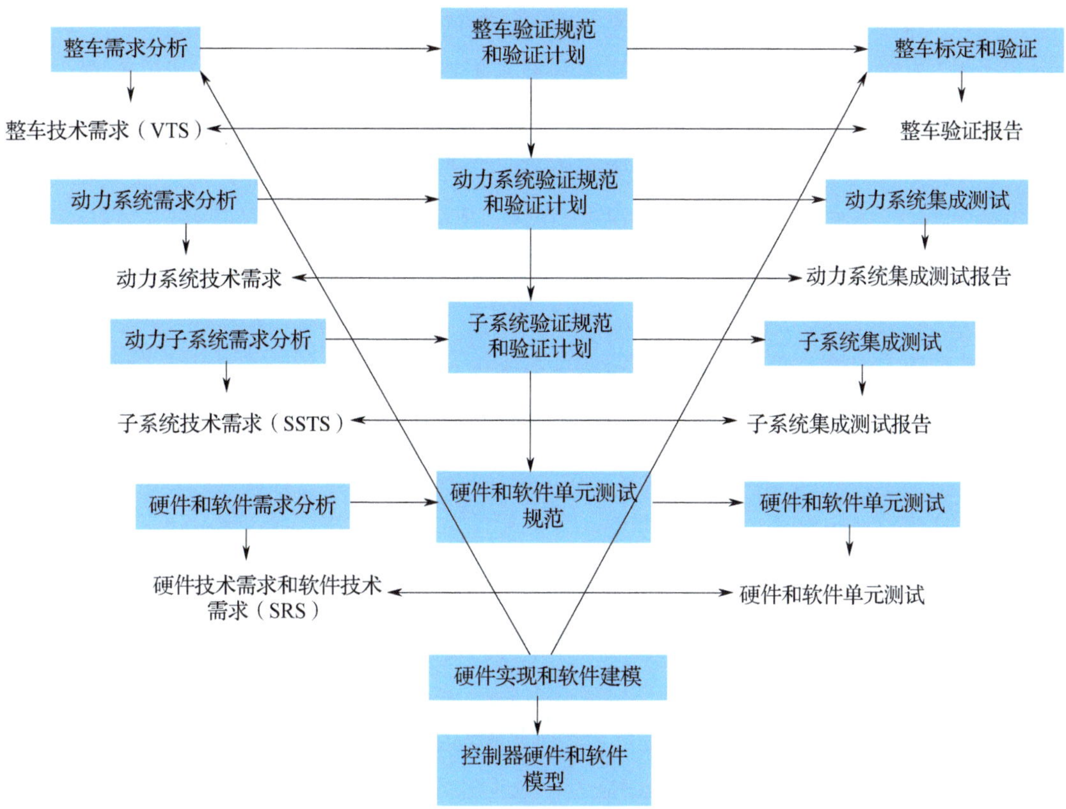

图 5-1-4　汽车软件开发流程

基于华为 MDC 的 AUTOSAR AP 应用开发流程

从整车设计中分解出智能驾驶域的需求后开始应用开发，如图 5-1-5 所示。

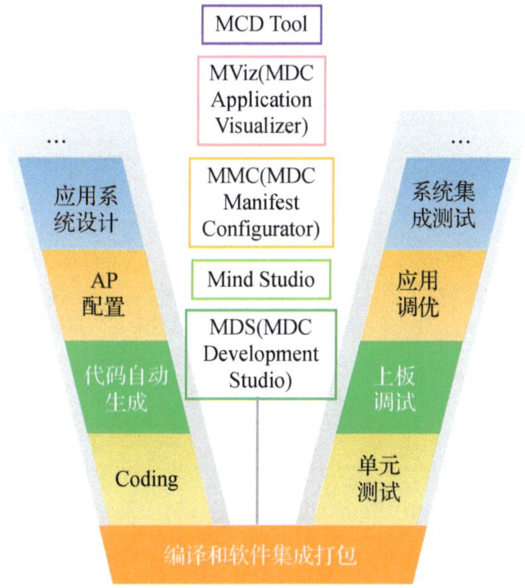

图 5-1-5　AUTOSAR AP 应用开发流程

1）应用系统设计：定义系统中的 App、进程间通信关系、进程部署环境。

2）AP 配置：基于 MDC 提供的基础配置，配置 App、通信关系、Machine 等。

3）代码自动生成：通信接口、运行期配置文件等。

4）Coding：业务逻辑开发、AI模型转换、AI初始化、Main函数、消息发布订阅处理等。

5）单元测试：UT 开发和运行、覆盖率报告。

6）上板调试：上板运行、单步调试、错误修复。

7）应用调优：热点函数分析、资源占用分析、内存检查等。

8）系统集成测试：应用数据（如感知结果）可视化、MDC 平台 KPI 可视化、DTC 查询、录制回放等。

任务分组

学生任务分配表

班级		组号		指导老师	
组长		学号			
组员角色分配					
信息员		学号			
操作员		学号			
记录员		学号			
安全员		学号			
任务分工					
（就组织讨论、工具准备、数据采集、数据记录、安全监督、成果展示等工作内容进行任务分工）					

工作计划

根据前面所了解的知识内容和小组内部讨论的结果，制定工作方案，落实各项工作负责人，如任务实施前的准备工作、实施中主要操作及协助支持工作、实施过程中相关要点及数据的记录工作等。

工作计划表

步骤	工作内容	负责人
1		
2		
3		

（续）

步骤	工作内容	负责人
4		
5		
6		
7		
8		

进行决策

1）各组派代表阐述资料查询结果。

2）各组就各自的查询结果进行交流，并分享技巧。

3）教师结合各组完成的情况进行点评，选出最佳方案。

任务实施

查找资料，了解智能驾驶应用开发流程的演进历史是怎样的？当前主流开发模型是什么？该开发模型成为主流的原因是什么？

智能驾驶应用开发流程资料查询	
记录	完成情况
1）简述智能应用开发流程的演进历史。 ____________________ ____________________ ____________________	已完成□　未完成□
2）简单介绍汽车开发 V 模型的各环节和特点。 ____________________ ____________________ ____________________	已完成□　未完成□
3）简单介绍应用于 MDC 300F 的应用开发流程。 ____________________ ____________________ ____________________	已完成□　未完成□

评价反馈

1）各组代表展示汇报 PPT，介绍任务的完成过程。

2）以小组为单位，对各组的操作过程与操作结果进行自评和互评，并将结果填入综合评价表中的小组评价部分。

3）教师对学生工作过程与工作结果进行评价，并将评价结果填入综合评价表中的教师评价部分。

综合评价表

班级		组别		姓名		学号	
实训任务							
评价项目		评价标准				分值	得分
小组评价	计划决策	制定的工作方案合理可行，小组成员分工明确				10	
	任务实施	能够简述智能驾驶应用开发流程的演进历史				20	
		能够简单介绍汽车开发 V 模型的各环节和特点				20	
		能够简单介绍应用于 MDC 300F 的应用开发流程				20	
	任务达成	能按照工作方案操作，按计划完成工作任务				10	
	工作态度	认真严谨、积极主动，安全生产，文明施工				10	
	团队合作	小组组员积极配合、主动交流、协调工作				5	
	6S 管理	完成竣工检验、现场恢复				5	
	小计					100	
教师评价	实训纪律	不出现无故迟到、早退、旷课现象，不违反课堂纪律				10	
	方案实施	严格按照工作方案完成任务实施				20	
	团队协作	任务实施过程互相配合，协作度高				20	
	工作质量	能准确完成任务实施的内容				20	
	工作规范	操作规范，三不落地，无意外事故发生				10	
	汇报展示	能准确表达、总结到位、改进措施可行				20	
	小计					100	
综合评分	小组评价分 ×50%+ 教师评价分 ×50%						
总结与反思							

（如：学习过程中遇到什么问题→如何解决的 / 解决不了的原因→心得体会）

任务二　调研分析 MDC ADSF 框架

学习目标

- 了解 AUTOSAR 的基本概念。
- 了解经典 AUTOSAR 和自适应 AUTOSAR 的区别。
- 了解基于 MDC 300F 的 ADSF 框架。
- 了解 ADSF 数据流的配置文件、接口、样例，培养善于搜索信息的职业能力。

知识索引

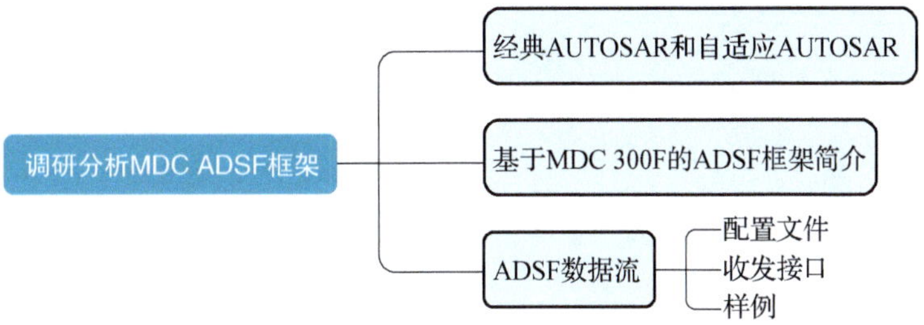

情境导入

某自动驾驶公司计划自研发一款搭载华为 MDC 的新车型，你作为车载平台软件首席架构师，需要向团队成员介绍华为 MDC 300F 软件栈的整体架构，重点包含 ADSF 框架。

获取信息

引导问题 1

请查阅相关资料，简述 AUTOSAR CP 平台与 AP 平台各自的应用场景。

____

____

____

经典 AUTOSAR 和自适应 AUTOSAR

在 2002 年引入 AUTOSAR 时，其想法是实现汽车软件开发的标准化。它假定这些应用程序在其整个生命周期内都不需要任何类型的更新。但是，汽车软件生态系统发生了翻天覆地的变化，汽车软件现在需要经常更新，同时需要前所未有的灵活性和计算能力。

目前 AUTOSAR 包含了 Classic AUTOSAR（Classic Platform，CP）和 Adaptive AUTOSAR（Adaptive Platfrom，AP）。Adaptive Platform 并不是用来取代 Classic Platform 或者非 AUTOSAR 平台，而是为了相互兼容、协作并满足未来的需求，如图 5-2-1 所示。

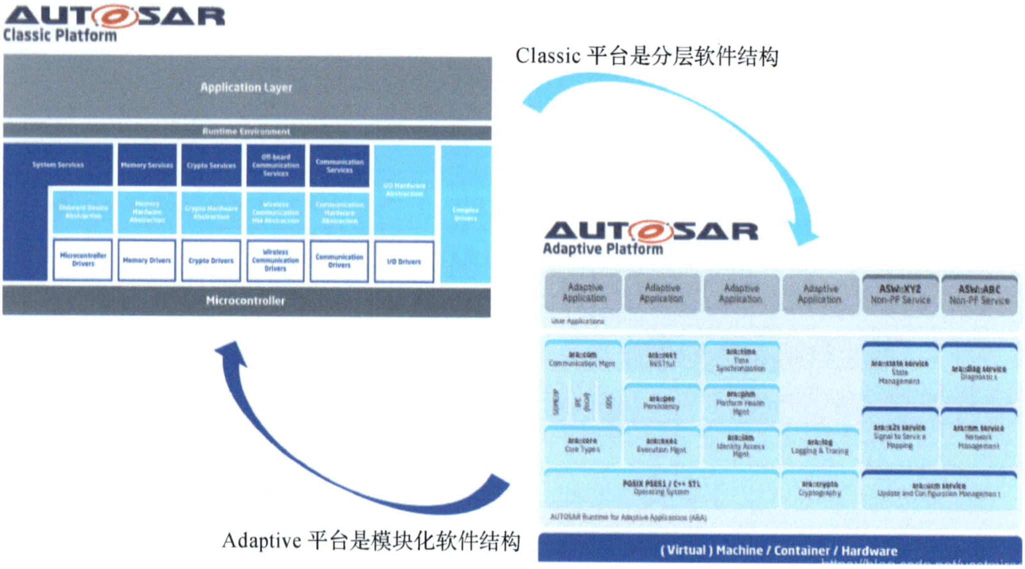

图 5-2-1　CP 平台与 AP 平台比较

作为异构软件平台的软件架构，Adaptive AUTOSAR 主要用于域控制器，可以成为连接 Classic AUTOSAR 和 Linux 这样的非实时 OS 的桥梁，其具有如下特点：

1）软实时，具有毫秒级内的最后期限，且偶尔错过最后期限也不会造成灾难性后果。

2）具有一定的功能安全要求，可达到 ASIL-B 或更高。

3）与经典平台不同的是，它更适用于多核动态操作系统的高资源环境，如 QNX。

Adaptive AUTOSAR 与 Classic AUTOSAR 相比，虽实时性要求有所降低，但在保证一定功能安全等级的基础上，大大提高了对高性能处理能力的支持，以支持智能互联应用功能的开发，见表 5-2-1。

表 5-2-1　经典 AUTOSAR（CP）和自适应 AUTOSAR（AP）的比较

经典 AUTOSAR（CP）	自适应 AUTOSAR（AP）
通信是基于信号的，并且通过通信总线网络（例如 CAN、LIN 等）来实现	基于服务的通信，利用以太网和 SOME / IP 作为物理介质层
深度嵌入功能的实现	高性能和计算密集型功能的实现

（续）

经典 AUTOSAR（CP）	自适应 AUTOSAR（AP）
应用案例：发动机控制、制动系统、安全气囊控制等	应用案例：在线更新（OTA）、传感器融合数据处理、持久性、在车辆运行时选择应用程序包等
无法在运行时进行软件更新，软件组件之间的通信是硬连线的	自适应 AUTOSAR RTE 独立于应用程序，因此可以进行在线更新
经典平台的更新意味着替换了整个 ECU 代码	自适应平台提供了在 ECU 中删除 / 更新单个应用程序的选项
经典 AUTOSAR 架构的灵活性低	灵活性是自适应 AUTOSAR 的 USP 之一，它提供了灵活的集成环境
具有严格的实时处理要求（以 μs 为单位），并且必须满足最后期限	有一个实时的软件要求（以 ms 为单位）
符合经典 AUTOSAR 的应用程序用 C 语言编写	C++ 是自适应 AUTOSAR 体系结构规定的语言
经典 AUTOSAR 实施不需要操作系统	自适应 AUTOSAR 基于 POSIX（Portable Operating System Interface）操作系统
应用程序利用 AUTOSAR RTE 进行软件组件的调度以及它们之间的通信	应用程序利用操作系统进行调度和通信
以静态方式配置，其中每个信号在配置时都已定义	由于应用程序固有的灵活性，可动态配置自适应 AUTOSAR

引导问题 2

请查阅相关资料，简述 ADSF 框架的作用。

____

____

____

基于 MDC 300F 的 ADSF 框架简介

ADSF（Autonomous Driving Service Framework）框架是华为自主研发的符合 Adaptive AUTOSAR 的框架平台。ADSF 的研发目的是针对智能驾驶功能开发流程，提供面向各场景应用开发的基础设施，通过屏蔽对平台底层的复杂实现，简化开发复杂度。

同时，ADSF 对外提供全量的应用节点，以及各种自动驾驶领域常用的应用框架，其中应用框架覆盖感知类的框架、融合类的框架、规划控制类的框架、定位类的框架、场景分析管理类的框架。

如 MDC 300F 上提供 Camera 目标检测框架、Camera 目标跟踪框架、LiDAR 目标检测框架、LiDAR 目标跟踪框架、Camera+LiDAR 目标检测框架、Radar 目标检测框架、Camera 车道线检测框架、多传感器融合框架、道路特征提取框架、TrafficLight 目标检测框架、TrajectoryPrediction 轨迹预测框架、Navigation 全局导航框架、Planning 规划框架、Control 控制框架、融合定位框架、SAMM 场景分析管理框架。

如图 5-2-2 所示，最上层为智能驾驶应用场景，应用场景由各类算法应用支撑，包含检测类、定位类算法。这类算法应用可基于 ADSF 提供的框架快速开发。例如开发 Camera 的 yolov 算法，可以直接用到 Camera 目标检测框架，直接从传感器抽象中接收数据。这个过程通过 ADSF 标准数据结构支撑。

架构下层通过硬件接收原始数据后需要对数据进行一些处理。例如需要对通过 Camera 硬件接收到的 Camera 数据进行图像处理，可以使用 ADSF 框架中的 ADB API 实现此功能。同时，ADB API 也依赖 MDC 平台提供的一些硬件加速能力和第三方库等。

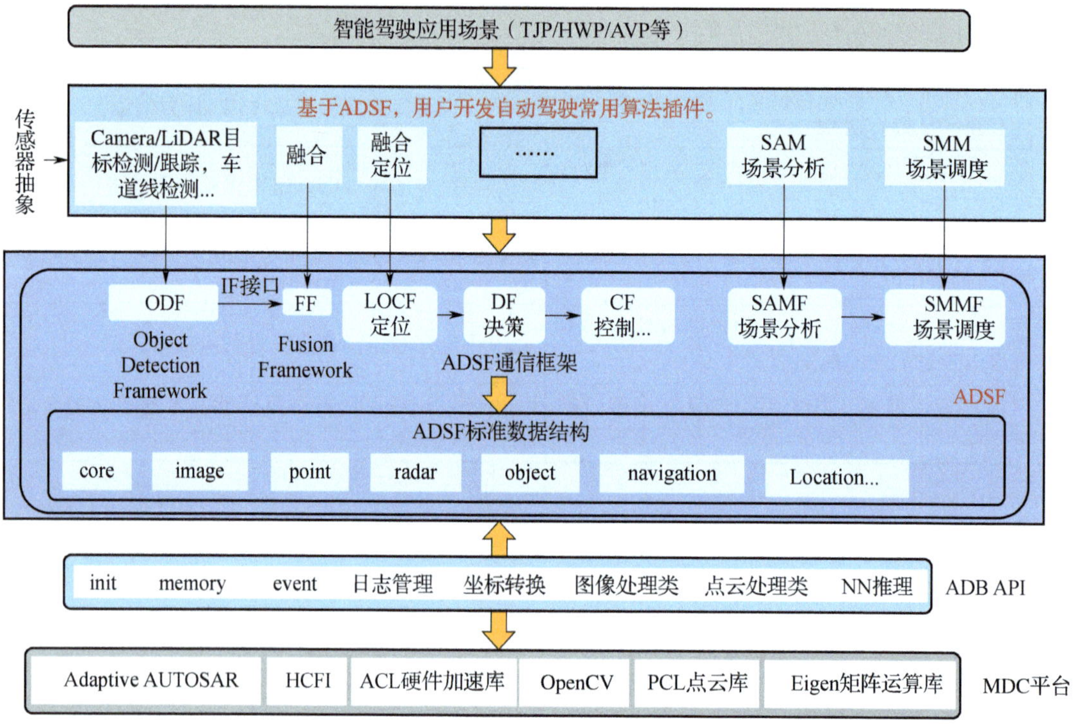

图 5-2-2　ADSF 架构总览

引导问题 3

请查阅相关资料，简述在 ADSF 框架下，数据是如何传输的。

____

____

____

ADSF 数据流

ADSF 当前版本提供一个较为完善的智能驾驶系统实现架构，其数据流如图 5-2-3 所示。

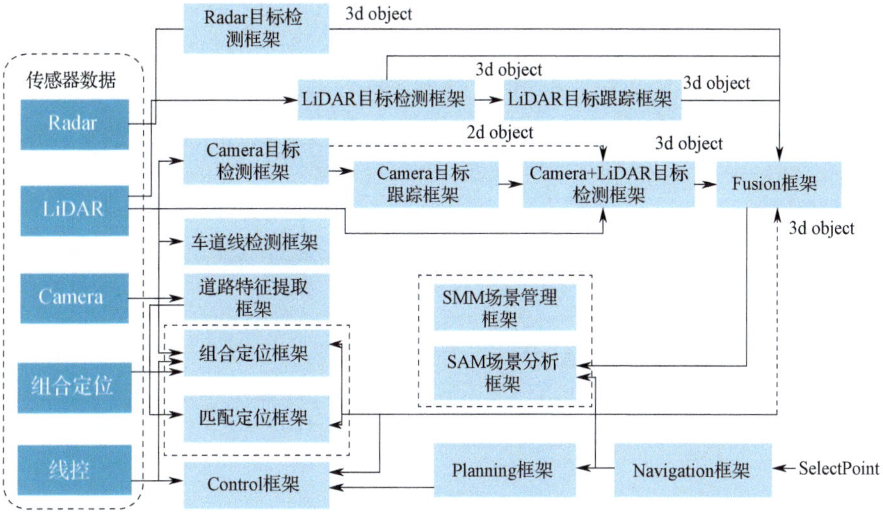

图 5-2-3　ADSF 数据流框图

每个框架提供如下内容：

一、配置文件

每个框架提供一份运行配置文件 Config.yaml，用户可通过修改配置文件使用不同的端口接收与发送数据。

二、收发接口

每个框架提供一个类；每个框架提供若干个获取数据的接口 Get×××(　)；每个框架提供若干个发送数据的接口 Send×××(　)。

三、样例

每个框架提供一份 Sample 样例，实现框架的数据收发，可直接基于样例开发自己的应用。

任务分组

学生任务分配表

班级		组号		指导老师	
组长		学号			
组员角色分配					
信息员		学号			
操作员		学号			
记录员		学号			
安全员		学号			
任务分工					
（就组织讨论、工具准备、数据采集、数据记录、安全监督、成果展示等工作内容进行任务分工）					

工作计划

根据前面所了解的知识内容和小组内部讨论的结果，制定工作方案，落实各项工作负责人，如任务实施前的准备工作、实施中主要操作及协助支持工作、实施过程中相关要点及数据的记录工作等。

工作计划表

步骤	工作内容	负责人
1		
2		
3		
4		
5		
6		
7		
8		

进行决策

1）各组派代表阐述资料查询结果。
2）各组就各自的查询结果进行交流，并分享技巧。
3）教师结合各组完成的情况进行点评，选出最佳方案。

任务实施

请查找资料，完成工单。

ADSF 框架资料查询	
记录	完成情况
1）简述经典 AUTOSAR 与可适应 AUTOSAR 的区别。 ______ ______ ______	已完成□　未完成□
2）简单介绍 ADSF 框架的框架架构。 ______ ______ ______	已完成□　未完成□
3）简单介绍 ADSF 各框架配置。 ______ ______ ______	已完成□　未完成□

评价反馈

1）各组代表展示汇报 PPT，介绍任务的完成过程。

2）以小组为单位，对各组的操作过程与操作结果进行自评和互评，并将结果填入综合评价表中的小组评价部分。

3）教师对学生工作过程与工作结果进行评价，并将评价结果填入综合评价表中的教师评价部分。

综合评价表

班级		组别	姓名		学号	
实训任务						
评价项目		评价标准			分值	得分
小组评价	计划决策	制定的工作方案合理可行，小组成员分工明确			10	
	任务实施	能够简述经典 AUTOSAR 与可适应 AUTOSAR 的区别			20	
		能够简单介绍 ADSF 框架的框架架构			20	
		能够简单介绍 ADSF 各框架配置			20	
	任务达成	能按照工作方案操作，按计划完成工作任务			10	
	工作态度	认真严谨、积极主动，安全生产，文明施工			10	
	团队合作	小组组员积极配合、主动交流、协调工作			5	
	6S 管理	完成竣工检验、现场恢复			5	
	小计				100	
教师评价	实训纪律	不出现无故迟到、早退、旷课现象，不违反课堂纪律			10	
	方案实施	严格按照工作方案完成任务实施			20	
	团队协作	任务实施过程互相配合，协作度高			20	
	工作质量	能准确完成任务实施的内容			20	
	工作规范	操作规范，三不落地，无意外事故发生			10	
	汇报展示	能准确表达、总结到位、改进措施可行			20	
	小计				100	
综合评分	小组评价分 ×50%+ 教师评价分 ×50%					
总结与反思						

（如：学习过程中遇到什么问题→如何解决的 / 解决不了的原因→心得体会）

任务三　基于 ADSF 框架完成视觉目标检测算法的开发

学习目标

- 了解视觉感知的功能。
- 了解目标检测任务的分类。
- 了解目标检测算法的分类。
- 掌握基于 ADSF 框架完成视觉目标检测算法的开发能力，培养从实践中加深职业技能的能力。

知识索引

- 基于ADSF框架完成视觉目标检测算法的开发
  - 视觉感知任务认知
  - 目标检测任务认知
  - 基于框架开发AI/NN类算法应用流程
  - 基于ADSF框架完成视觉目标检测算法的开发
    - 详细实现过程
    - 算法编译、运行
    - 查看结果

情境导入

公司在研究了市面上的车载计算平台后，最终选择华为 MDC 安装于新上市车型，你作为视觉算法工程师，接到了基于 ADSF 框架开发目标检测算法的任务。

获取信息

引导问题 1

请查阅相关资料，简述视觉感知任务包含哪些分解任务。

____

____

____

视觉感知任务认知

视觉感知系统主要以摄像头作为传感器输入，经过一系列的计算和处理，对自车周围的环境信息进行精确感知，目的在于为融合模块提供准确丰富的信息，包括被检测物体的类别、距离信息、速度信息、朝向信息，同时也能够给出抽象层面的语义信息。

道路交通的感知功能主要包括以下三个方面：

1）动态目标检测（车辆、行人和非机动车）。

2）静态物体识别（交通标志和红绿灯）。

3）可行驶区域的分割（道路区域和车道线）。

如图 5-3-1 所示，可以将视觉感知任务分解成目标检测、图像分割、目标测量、图像分析等功能。

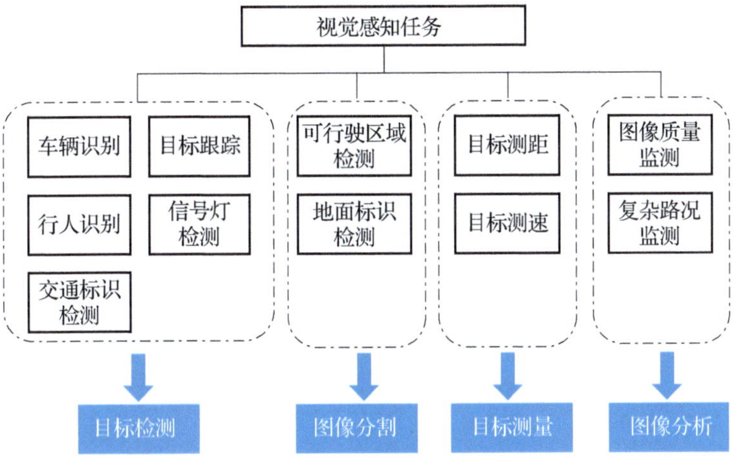

图 5-3-1　视觉感知任务分解

引导问题 2

请查阅相关资料，简述目标检测任务按类别可以分成哪几类检测任务。

____

____

____

目标检测任务认知

目标检测任务主要包含检测是否存在感兴趣目标、目标语义分类、定位目标位置，以及确定目标所占空间范围等。

目标检测是计算机视觉中的经典任务，最常见的是二维 RGB 图像中的目标检测，而无人驾驶车载传感器多种多样，基于激光雷达、毫米波雷达或者超声波传感器的目标检测也是必不可少的，如图 5-3-2 所示。

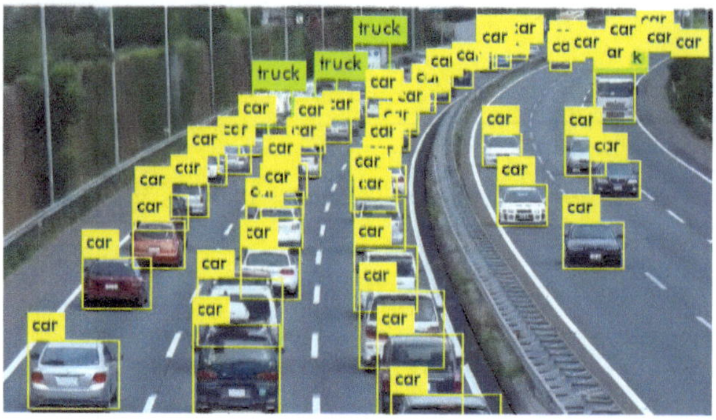

图 5-3-2　目标检测目标级标注

目标检测任务按检测物体类别可分为道路参与者检测（包括车辆、行人、非机动车等）、交通标志检测（包括道路边界线、车道线、交通指示牌和锥桶等），以及通用障碍物检测，如图 5-3-3~ 图 5-3-5 所示。

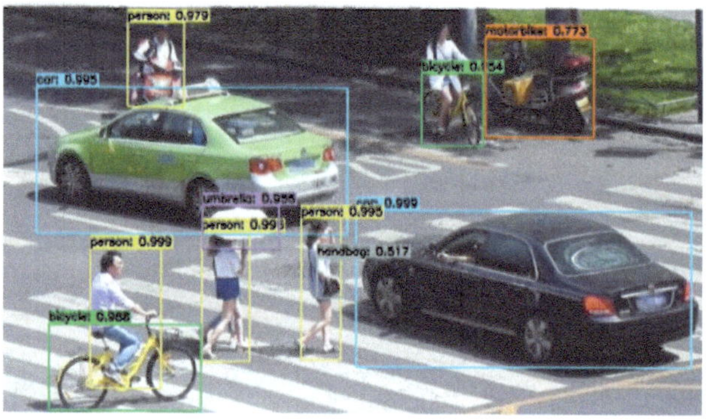

图 5-3-3　目标检测的分类示例图

图 5-3-4　对道路上的车辆进行“检测”

图 5-3-5　自动驾驶的红绿灯和车牌检测

目标检测可以分为两类：检测目标有无的检测任务；精确回归目标检测框的回归任务。

主流的目标检测算法分为两类：

两步法：先产生候选区域，再对这些候选框进行分类，以及检测框的回归。这类算法总体来说计算量大但精准度高，代表算法有滑动窗口检测、区域卷积神经网络（Region with CNN feature，R-CNN）、Fast R-CNN、Faster R-CNN，如图 5-3-6 所示。

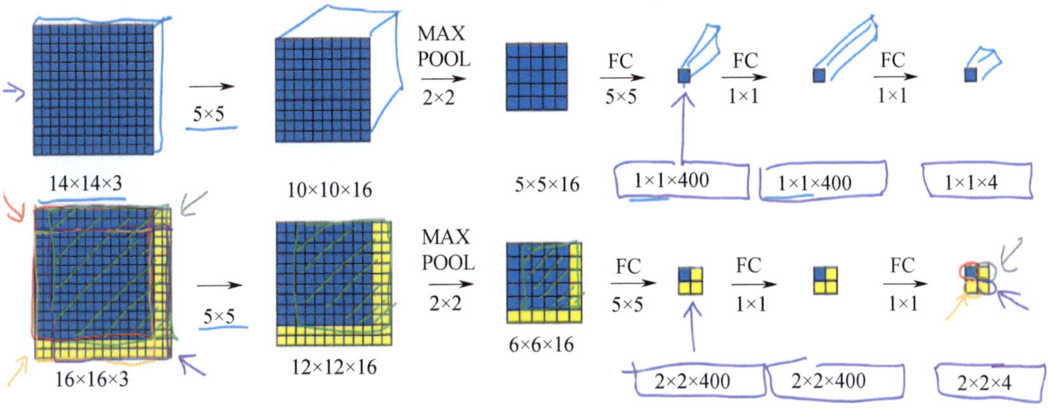

图 5-3-6 滑动窗口的卷积实现

一步法：均匀在图像中进行密集采样，然后直接进行分类和回归。此类方法效率更高，代表算法有 YOLO（图 5-3-7）和 SSD。

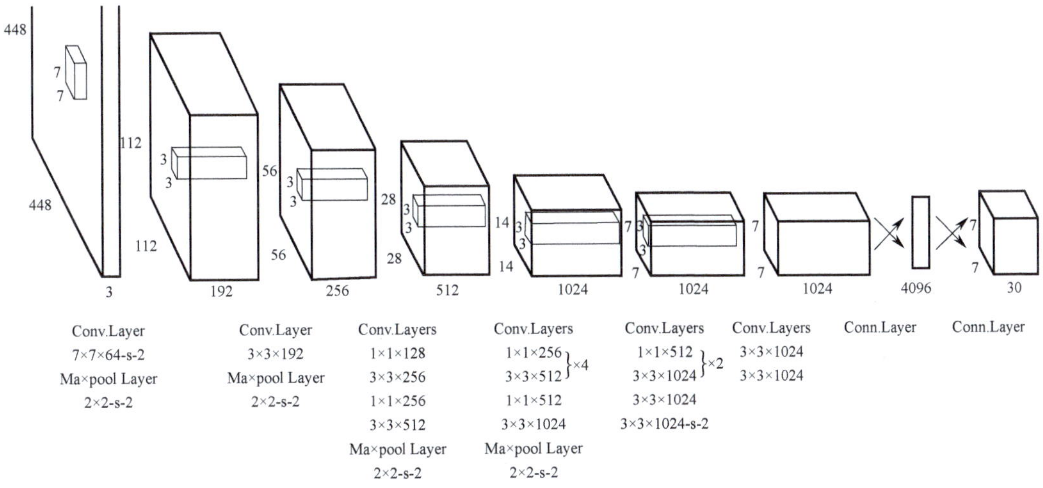

图 5-3-7 YOLO 算法示例

职业认证

智能计算平台应用开发职业技能等级（高级）中的深度学习基础算法建模就涉及要求能够运用计算视觉开源库（如 OpenCV）进行目标检测、识别等操作；能运用自然语言处理算法（如 RNN/Attention），实现信息抽取、实体识别、语义理解等功能；运用 TLD、CSK、FCN 全卷积神经网络等算法，完成目标检测、目标分割等操作。通过智能计算平台应用开发职业技能等级（高级）考核可获得教育部 1+X 证书中的《智能计算平台应用开发职业技能等级证书（高级）》。

引导问题 3

请查阅相关资料，简述基于 ADSF 框架的应用开发流程。

____

____

____

基于框架开发 AI/NN 类算法应用流程

神经网络（Neural Network，NN）一般也称为人工神经网络（Artificial Neural Network，ANN）。人工神经网络的基本结构模仿人脑，具有并行处理特征，可以大大提高计算机的工作速度。

开发流程（图 5-3-8）：

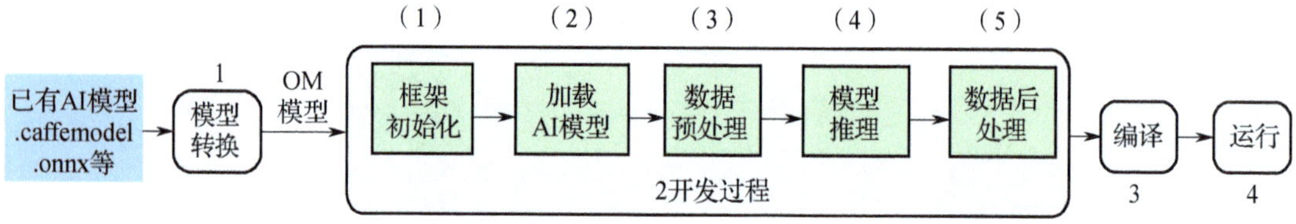

图 5-3-8 基于框架开发 AI/NN 类算法应用流程图

1）使用 MindStudio/ATC 工具将已训练好的 AI 模型转换为 MDC 支持的 OM 模型。

2）在 MDC Development Studio 集成开发工具中编写代码。

①调用功能软件框架 Init 函数初始化框架，其中包括：初始化；调用功能软件框架 Sub 函数启动数据接收服务；调用功能软件框架 Pub 函数启动数据发送服务。

②调用功能软件框架 AI 模型加载函数加载已经转换好的 OM 模型。

③调用功能软件框架图像 / 点云处理函数实现数据预处理。

④调用功能软件框架 AI 推理引擎实现 AI 模型推理。

⑤调用功能软件框架图像 / 点云处理函数实现数据后处理。

3）使用交叉编译包部署交叉编译环境。

4）在 MDS 中编译程序，并复制到 MDC 的 Mini 上运行。

5）最后，展示正确运行的结果。

引导问题 4

请查阅相关资料，简述视觉目标检测算法的开发流程。

____

____

____

基于 ADSF 框架完成视觉目标检测算法的开发

Camera 目标检测 Demo 接收图像数据，经过 NN 算法检测出目标物的 2D 轮廓，将轮廓发送给下个节点，如图 5-3-9 所示。

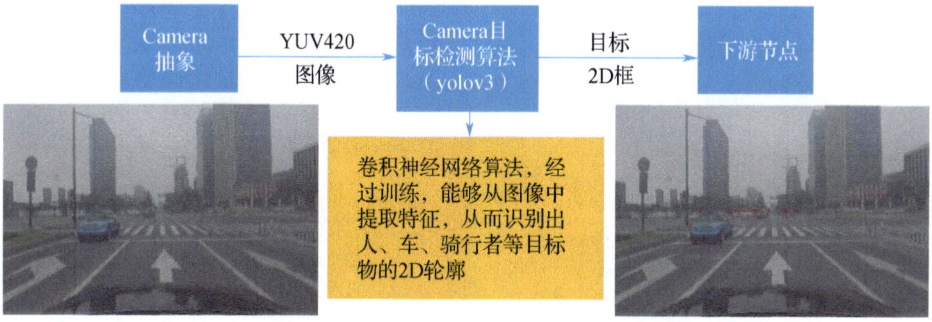

图 5-3-9　Camera 目标检测 Demo 工作原理图

一、详细实现过程

1. 开发前准备工作

1）接通 Camera 传感器：完成摄像头的接入，保证 Camera 抽象有图像输出。

2）选定 ADSF 框架：选择算法插件框架。

①选择依据：根据输入输出选择通信框架。

②分析：Camera 目标检测算法的输入为摄像头图像数据，输出为检测到的目标框。由于 ADSF 的 Camera 目标检测框架的输入输出与之匹配，因此可选用该框架作为 Camera 目标检测算法的通信框架，参数见表 5-3-1。

表 5-3-1　Camera 目标检测框架参数

选择的框架	框架输入数据	框架输入 instance id	框架输出数据	框架输出 instance id
CameraDetBase	ImageFrame	10~14（Mini0） 20~24（Mini1） 30~34（Mini2） 40~44（Mini3）	Haf3dDetectionOutArray	1001~1003（Mini0） 1004~1006（Mini1） 1007~1009（Mini2） 1010~1012（Mini3）

3）选择接收与发送端口。

①选择依据：业务实际需求。

②分析：Camera 目标检测框架在每个 Mini 上支持 4 个端口输入图像数据，每个端口对应了不同 Camera 硬件接口的摄像头，用户可根据实际需求选择摄像头对应的端口。在每个 Mini 上支持 3 个端口输出，选择其中一个即可，多个进程使用同一个 Camera 目标检测框架时，输出端口不能重复。

2. 整体流程（图 5-3-10）

代码流程：

1）框架初始化：读取配置文件，启动发送与接收服务。

2）NN 初始化：创建 context，载入模型，创建模型的输入与输出。

3）获取输入图像。

4）图像预处理：图像颜色空间转换与缩放处理。

5）模型推理：将预处理的数据输入模型并执行推理。

6）解析结果并发送：解析推理的结果，将结果发送出去。

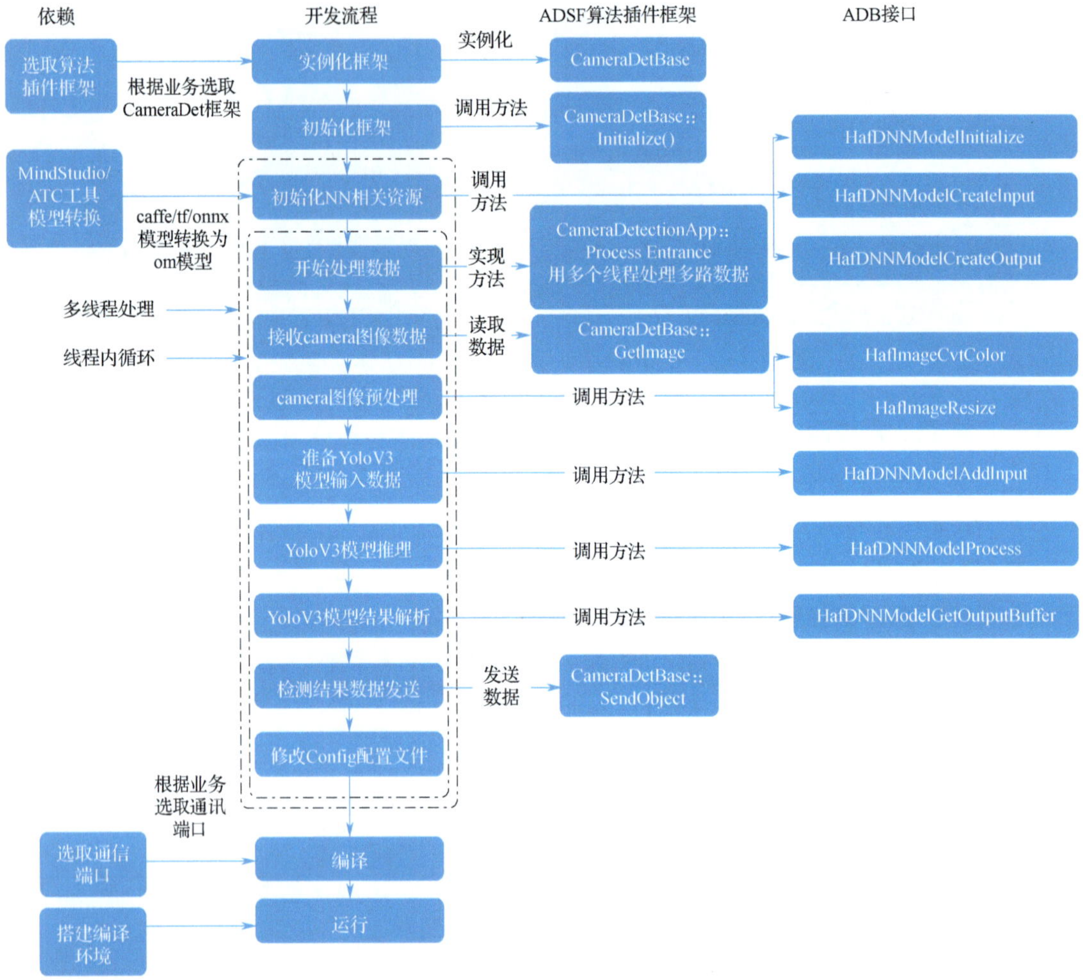

图 5-3-10　基于框架开发 AI/NN 类算法应用流程图

3. 详细过程

以下 Haf 开头的 API 为 ADB API。

步骤 1：框架初始化 CameraDetDemoApp::Initialize。

```
Adsfi::CameraDetBase camDetBase{"Config.yaml"}; // 实例化 CameraDet 框架
camDetBase.Init();      // 框架初始化，主要是读取配置文件，启动接收与发送服务
HafInitialize(context,contextParam);           // 初始化 NN 硬件加速
```

步骤 2：NN 初始化 ImageDetInference::Initialize。

```
HafCreatContext(context);                       // 创建每个推理线程中所要
                                                   使用的 context
```

```
HafDNNModelInitialize(dnnHandle,modelFile);      // 通过模型文件名加载 NN
                                                    模型
HafDNNModelCreateInput(dnnHandle);               // 创建模型输入空间，保存
                                                    在 dnnHandle 中
HapfDNNModelCreateOutput(dnnHandle);             // 创建模型输出空间，保存
                                                    在 dnnHandle 中
HafStreamCreate(stream);                         // 创建 stream
HafCreateChannel(channelId);                     // 创建图像预处理要使用的
                                                    channel id
```

步骤 3：获取输入图像 CameraDetDemoApp::ObjectDetectionThread。

```
while (!camDetBase.IsStop()){
    auto img=camDetBase.GetImage(instanceld);// 获取传感器发送过来的图像
    ...
}
```

步骤 4：图像预处理。

```
CameraDetDemoApp::Prepare DvppMemory
    ImageDetInference::PrepareDvppMemory(input,output)
        HafImageMallocAligned(dvppInput)    // 提前申请 dvpp 上的内存，用于图
                                               像预处理的输入
        HafImageMallocAligned(dvppOutput)   // 提前申请 dvpp 上的内存，用于图
                                               像预处理的输出
CameraDetDemoApp::PrepareImage4Model
    ImageDetInference.ImageResize(image.data,resizeOutImage)
        HafMemcpyToDvpp(inputImage,dvppInput)// 将普通内存上的图像复制到
                                                 DVPP 内存上
        HafImageResize(channelId,dvppInput,dvppOutput,type)// 图像 resize
```

步骤 5：模型推理 CameraDetDemoApp::ModelAddInput。

```
ImageNnInference::DNNModelAddInput(image.rawData,dataSize,index)
    HafDNNModelAddInput(dnnHandle,buffer,bufferSize,index));
                                                 // 将图像添加到输入
index++;
ImageNnlnference::DNNModelAddInput(imglnfo.data(),imgInfoSize
sizeof(float32_t),index)
    HafDNNModelAddInput(dnnHandle,buffer,,bufferSize,index);
                                                 // 将图像信息添加到输入
ImageNnlnference::DNNModelProcess()
    HafDNNModelProcess(dnnHandle);               // 执行模型推理
```

步骤 6：解析结果并发送。

```
ImageNnInference::DNNModelGetOutputBuffer(index,&outBuffer,buffer
Size)
// 传入 index=1，获取 bbox 数量值的内存地址
    HafDNNModelGetOutputBuffer(dnnHandle,index,buffer,bufferSize);
ImageNnInference::DNNModelGetOutputBuffer(index,&outBuffer1,buffer
Size)                                   // 传入 index=0，获取 bbox 内存地址
    HafDNNModelGetOutputBuffer(dnnHandle,index,buffer,bufferSize);
CameraDetDemoApp::PostProcess(boxNum,oriHeight,oriWidth,static_
cast<float32_t*>(outBuffer1),out);   // 解析 bbox
cam DetBase.SendObject(data,camDetBase.GetResultObjInsldx());
                                        // 将解析的结果发送出去
```

4. 配置文件

每个框架都有一个需要配置的 Config.yaml 文件，配置文件中定义了日志模式、日志级别、框架输入输出 instance ID 等重要信息，用户需要根据业务需求自行修改。

```
%YAML:1.0
appName: CamD   # 节点名称，日志打印的关键字
description: Camera 2D detection module
priority: 0#{0…12} 当前未使用
scheduleFrequency: 30 # 当前未使用
isDetermineSchedule:false #{true,false} 当前未使用
log File:./# 日志路径，当 logMode 配置由指定文件存储时，使用本路径存储日志，
日志文件名为 $TappName.log
logMode:6 #{0,1,2,3,45,6}0:remote 日志 1:console 日志 2:本地日志 3:remote
日志 +console 日志 4:
remote 日志 + 本地日志 5:console 日志 + 本地日志 6:remote 日志 +console 日志 + 本
地日志
logLevel:0 #{0,1,2,3,4,5,6}, 0:verbose,1:debug,2:info,3:warn,4:error,
5:fatal,6:off
recvQueueSize:2 # 当前未使用
recvInstanceID:
    cameralnstanceID:[11,12,13]# 接收多个 camera 图像数据的 instance id
sendInstancelD:
    detectionOutInstanceID:1001    # 发送结果的 instance id
```

二、算法编译、运行

1. DEMO 编译

使用 MDS（MDC Development Studio）工具导入整个 ADSF_Sample 工程，如图 5-3-11 所示。

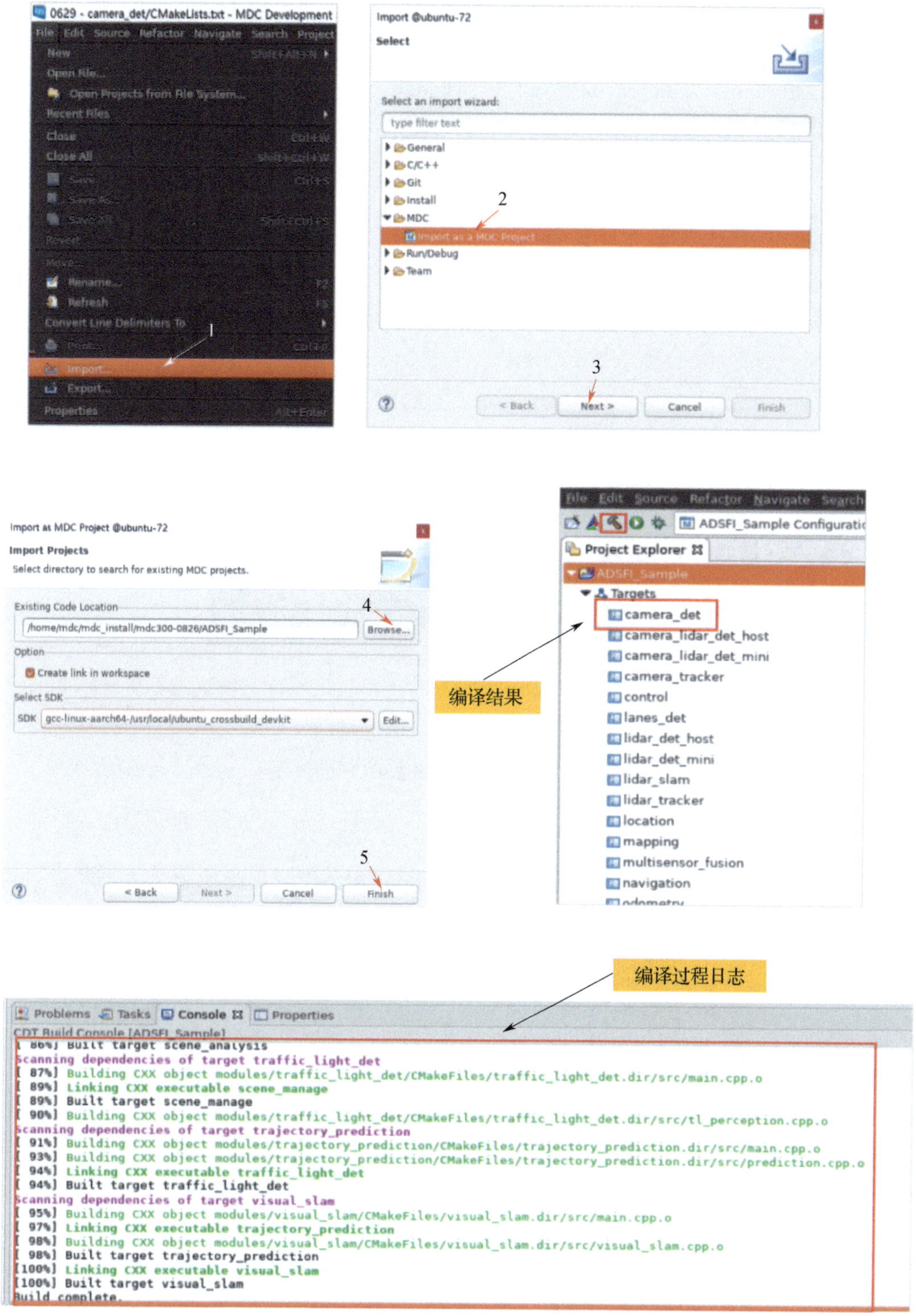

图 5-3-11　使用 MDS 工具导入整个 ADSF_Sample 工程

2. DEMO 运行（图 5-3-12）

1）在 Ubuntu 开发环境下打开终端，切换到 ADSF_Sample 的目录下，执行命令

bash ./get_target.sh，会把各个节点编译生成的二进制文件、运行所需的“Config.yaml”和“start.sh”文件复制到“adsf_sample”目录下。

2）将 adsf_sample /camera_det 目录复制到 MDC 上任意一个 Mini 的任意目录下。

3）将转换好的 yolov3 的 om 模型复制到 MDC 上 camera_det/model 目录下，并修改 camera_det/Config.yaml 中模型路径和模型名与实际存放的路径和模型名一致。

4）修改 camera_det/Config.yaml 中的接收和发送端口号，保证端口与当前所在的 Mini 是匹配的。

5）进入 MDC 的 camera_det 目录。

6）切换到 root 用户，执行 bash start.sh camera_det 命令，成功运行。

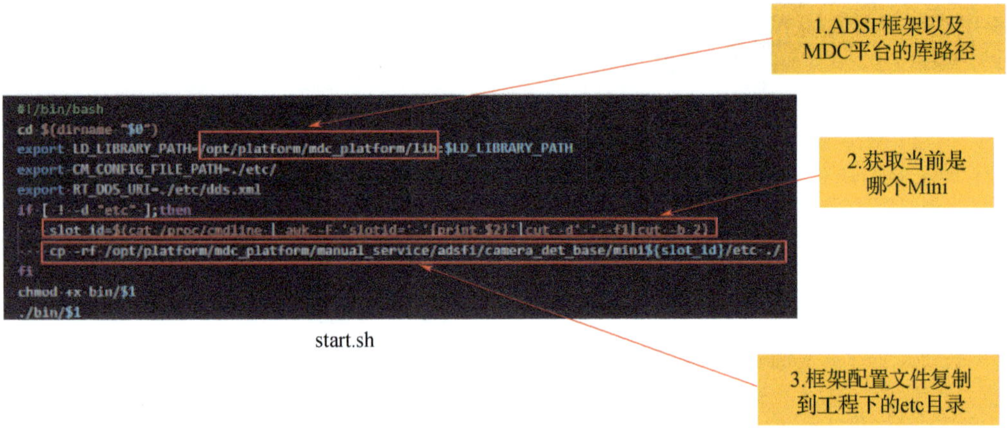

图 5-3-12　启动脚本 start.sh 内容简介

三、查看结果

在接收到上游发送的图像后，camera_det 的 demo 会检测出图像中的人与车，并打印出人与车的目标检测框信息，如图 5-3-13 所示。使用 opencv 可视化结果，如图 5-3-14 所示。

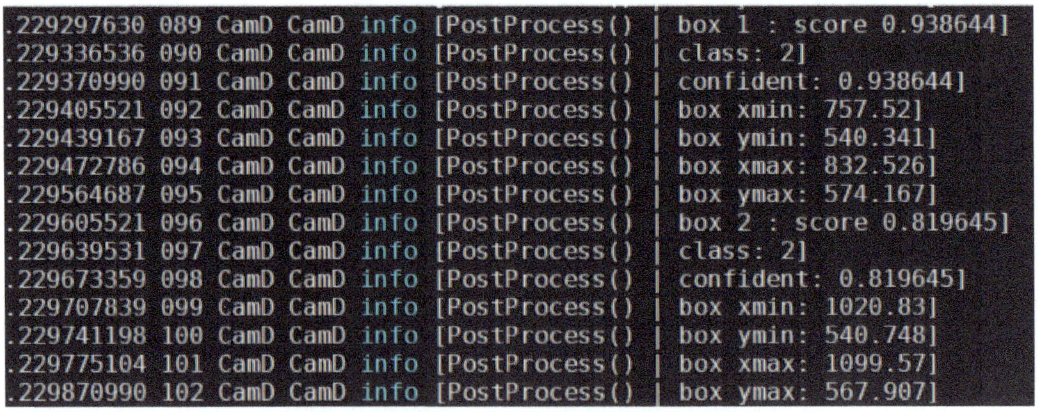

图 5-3-13　人与车的目标检测框信息

图 5-3-14　可视化结果

任务分组

学生任务分配表

班级		组号		指导老师	
组长		学号			
组员角色分配					
信息员		学号			
操作员		学号			
记录员		学号			
安全员		学号			
任务分工					

（就组织讨论、工具准备、数据采集、数据记录、安全监督、成果展示等工作内容进行任务分工）

工作计划

根据前面所了解的知识内容和小组内部讨论的结果，制定工作方案，落实各项工作负责人，如任务实施前的准备工作、实施中主要操作及协助支持工作、实施过程中相关要点及数据的记录工作等。

工作计划表

步骤	工作内容	负责人
1		
2		
3		
4		
5		
6		
7		
8		

进行决策

1）各组派代表阐述资料查询结果。

2）各组就各自的查询结果进行交流，并分享技巧。

3）教师结合各组完成的情况进行点评，选出最佳方案。

任务实施

扫描右侧二维码，了解基于 ADSF 框架完成视觉目标检测算法开发的方法。

参考操作视频，按照规范作业要求完成基于 ADSF 框架完成视觉目标检测算法开发的实训，完成任务并记录工单。

MDC 300F 基于 ADSF 框架进行视觉目标检测算法的开发

基于 ADSF 框架完成视觉目标检测算法开发		
序号	步骤	完成情况
一、启动 MDC，运行 Camera 图像数据		
1	将鸿鹄 S3 上电，打开感知和决策模块	已完成□　未完成□
2	打开 Ubuntu，ssh 连接 MDC，切换 root 用户	已完成□　未完成□
3	修改配置文件 userConf.json	已完成□　未完成□
4	解析加载配置参数	已完成□　未完成□

（续）

基于 ADSF 框架完成视觉目标检测算法开发		
序号	步骤	完成情况
5	配置上位机地址，登录 MDC 切换 root 用户，将 MViz 的 IP 地址和端口号写入“viz_address.conf”文件	已完成□ 未完成□
6	启动 camera_mviz 服务	已完成□ 未完成□
7	启动 MViz	已完成□ 未完成□
8	显示 Camera 图像	已完成□ 未完成□
二、修改 Camera 配置文件，将 A1、A2、A3 接口的摄像头部署在 MINIO 上		
1	登录 MDC 之后切换 root 用户，修改配置文件 userConf.json	已完成□ 未完成□
2	生效配置文件，重启	已完成□ 未完成□
三、编译 camera_det 框架，部署在 MINIO 上		
1	解压“MDC300_Sample-1.0.106.2.tar”，找到“ADSFI_Sample”文件夹并进入	已完成□ 未完成□
2	进入“ADSFI_Sample”文件夹中的“modules”文件夹，找到其中的“camera_det”替换原文件中的“camera_det”	已完成□ 未完成□
3	打开 MDS，使用 sudo 系统管理指令运行 MDS	已完成□ 未完成□
4	打开 MDS，在界面上方菜单栏中选择“File > Import...”	已完成□ 未完成□
5	在“Import”弹窗选择“MDC > Import as a MDC Project”，单击“Next”	已完成□ 未完成□
6	导入工程文件“ADSFI_Sample”	已完成□ 未完成□
7	在“Select SDK”区域选择“gcc-linux-aarch64-/usr/local/ubuntu_crossbuild_devkit”，单击“Finish”	已完成□ 未完成□
8	编译	已完成□ 未完成□
9	切换到 ADSFI_Sample 的目录下	已完成□ 未完成□
10	执行命令 bash ./get_target.sh，将各个节点编译生成的二进制文件、运行所需的“Config.yaml”和“start.sh”文件复制到“adsf_sample”目录下	已完成□ 未完成□
11	在“adsf_sample”目录下找到 camera_det 文件夹，在其中新建一个 model 文件夹存放 yolov3 离线模型	已完成□ 未完成□
12	复制 yolov3 离线模型到 model 文件夹中	已完成□ 未完成□
13	将“adsf_sample”复制到 MDC 的 MINIO 上 新建传输会话，填写名称、主机和端口号	已完成□ 未完成□
14	填写账号、密码	已完成□ 未完成□
15	将刚刚准备好的 camera_det 文件夹传输到 MINIO 的 /home/sftpuser/uploads/ 目录下，完成部署	已完成□ 未完成□

（续）

基于 ADSF 框架完成视觉目标检测算法开发		
序号	步骤	完成情况
	四、修改 camera_det 的配置文件和上位机通信配置文件	
1	登录 MDC 的 MINI0，切换 root 用户。进入 /home/sftpuser/uploads/ 目录查看传输过来的文件	已完成□　未完成□
2	进入 /opt/cfg/conf_run/viz/ 路径查看 viz_address.conf 配置文件，将上位机的 IP 地址和端口写到配置文件中，保存并退出	已完成□　未完成□
3	进入 /home/sftpuser/uploads/camera_det/ 路径查看 Config.yaml 配置文件	已完成□　未完成□
4	对 Config.yaml 配置文件红框部分进行修改	已完成□　未完成□
5	保存并退出，给启动脚本赋最高权限并启动，打开 camera_det 目标检测框架	已完成□　未完成□
	五、实现目标检测	
1	连接 HOST 芯片，切换 root 用户，并且开启摄像头	已完成□　未完成□
2	连接 MINI0 芯片，切换 root 用户，并且开启 camera_det 目标检测框架	已完成□　未完成□
3	打开 MViz，查看开启的节点	已完成□　未完成□
4	双击配置的目标检测框架 71 通道摄像头 instance 插件	已完成□　未完成□
5	勾选这个摄像头插件中的目标检测框架	已完成□　未完成□
6	将“Objects”选项中的“Topic”选择对应的框架节点	已完成□　未完成□
7	查看其他摄像头的目标检测结果，登录 MINI0 芯片，修改 /home/sftpuser/uploads/camera_det/ 路径中的 Config.yaml 配置文件。CameraInstanceID 为摄像头的部署 InstanceID	已完成□　未完成□

评价反馈

1）各组代表展示汇报 PPT，介绍任务的完成过程。

2）以小组为单位，对各组的操作过程与操作结果进行自评和互评，并将结果填入综合评价表中的小组评价部分。

3）教师对学生工作过程与工作结果进行评价，并将评价结果填入综合评价表中的教师评价部分。

综合评价表

班级		组别		姓名		学号	
实训任务							
评价项目		评价标准				分值	得分
小组评价	计划决策	制定的工作方案合理可行，小组成员分工明确				10	
	任务实施	能够正确检查并设置实训工位				10	
		基于 ADSF 框架完成视觉目标检测算法开发				40	
		能够规范填写任务工单				10	
	任务达成	能按照工作方案操作，按计划完成工作任务				10	
	工作态度	认真严谨、积极主动，安全生产，文明施工				10	
	团队合作	小组组员积极配合、主动交流、协调工作				5	
	6S 管理	完成竣工检验、现场恢复				5	
	小计					100	
教师评价	实训纪律	不出现无故迟到、早退、旷课现象，不违反课堂纪律				10	
	方案实施	严格按照工作方案完成任务实施				20	
	团队协作	任务实施过程互相配合，协作度高				20	
	工作质量	能准确完成任务实施的内容				20	
	工作规范	操作规范，三不落地，无意外事故发生				10	
	汇报展示	能准确表达、总结到位、改进措施可行				20	
	小计					100	
综合评分	小组评价分 ×50%+ 教师评价分 ×50%						
总结与反思							

（如：学习过程中遇到什么问题→如何解决的 / 解决不了的原因→心得体会）

参考文献

[1] 孙超，黄愉文，张凯，等.智能网联汽车产业政策趋势分析及发展思考［J］.城市交通,2022(1):52–58.

[2] 杨宗平.智能网联汽车传感器技术［M］.北京：人民交通出版社，2022.

[3] 温昕.华为MDC智能驾驶计算平台：车企打开智能化大门的钥匙［J］.智能网联汽车，2022(1):72–73.

[4] 田野.华为打造智能汽车解决方案［J］.智能网联汽车，2022(1):68–69.

[5] 陈炳欣.汽车芯片：从传统分布式架构向集中式架构演进［N］.中国电子报，2021–10–12(8).

[6] 孟天闯，李佳幸，黄晋，等.软件定义汽车技术体系的研究［J］.汽车工程，2021（4）:459–468.

[7] 王敏，付建宽，宗岩，等.高级别自动驾驶汽车计算平台综述［J］.时代汽车.2021(22)：30–32.

[8] 全国汽车标准化技术委员会.汽车驾驶自动化分级：GB/T 40429—2021［S］.北京：中国标准出版社，2021.

[9] 道路车辆功能安全：ISO 26262–1：2018［S］.